Ganz kurz ein paar Hinweise:

Bitte lesen Sie primär nur den spanischen Text
auf der Hauptzeile.
Bei Unklarheiten springen Sie runter
zur Übersetzungszeile.
Nicht die Übersetzungszeile im Fluss lesen!

Punktiert unterstrichene Wörter gehören zusammen.

Eine Zahl 1... zeigt an, dass zu dem Wort noch
ein zweites Wort ...1 dazugehört.

Text in eckigen Klammern [ ] = Anmerkung des Übersetzers

Da ein Wort mehrere Bedeutungen haben kann, gilt:
Es ist diejenige Bedeutung angegeben, die das Wort
im vorliegenden Zusammenhang hat (mit Tendenz
zur Hauptbedeutung).

In Grenzfällen wurde die Praxisnähe bevorzugt gegenüber
wissenschaftlicher Genauigkeit.

Bibliografische Information der Deutschen Nationalbibliothek:

Die Deutsche Nationalbibliothek verzeichnet diese Publikation
in der Deutschen Nationalbibliografie.

Detaillierte bibliografische Daten sind im Internet abrufbar
über http://dnb.d-nb.de

Vicente Blasco Ibañez / Edeltraud Altinger:
La barca abandonada / Das verlassene Boot
Lektüre zweisprachig, Spanisch/Deutsch
wörtlich übersetzt – jedes Wort einzeln –
auf eingefügter Zwischenzeile

Lesespaß ohne lästiges Nachschlagen!

Übersetzerin: Edeltraud Altinger
Herausgeber: Harald Holder
Die Texte wurden an einigen Stellen behutsam dem Zweck angepasst.

ISBN: 978 – 3 – 94 33 94 – 25 – 2

Druck und Bindung: Books on Demand GmbH, Norderstedt
Printed in Germany

www.holder-augsburg-zweisprachig.de

Índice
Inhaltsverzeichnis

La barca abandonada
Das   Boot   verlassene

Era   la playa de Torresalinas, con sus numerosas barcas en   seco,
[Es] war der Strand von   Torresalinas   mit seinen zahlreichen Booten auf [dem] Trockenen

el lugar de reunión de toda la gente marinera. Los chiquillos, tendidos
der Versammlungsort von allen [--] Seeleuten   Die   Kinder   hingelegt

sobre el vientre, jugaban a la "carteta" a la sombra de las
auf   dem Bauch   spielten [--] [--] Karten in dem Schatten von den

> la carteta = eine Situation im Kartenspiel Paulo

embarcaciones; y los viejos, fumando sus pipas de barro traídas de
            Schiffen   und die Alten   rauchend ihre Pfeifen aus Ton gebracht von

Argel, hablaban de la pesca o de las magníficas expediciones que se
Algier sprachen von der Fischerei oder von den großartigen   Expeditionen die sich

hacían en otros tiempos a Gibraltar y a la costa de África, antes que
machten in anderen Zeiten nach Gibraltar und an die Küste von Afrika   bevor

> otros tiempos = früher

al demonio se le ocurriera inventar eso que llaman la Tabacalera.
dem   Teufel sich ihm einfiele [zu] erfinden das was [sie] nennen das Tabakmonopol

Los botes ligeros, con sus vientres blancos y   azules y el mástil
Die Boote leichten mit ihren Bäuchen weißen   und blauen und dem Masten

graciosamente inclinado, formaban una fila avanzada al borde de la
      anmutig   geneigten   bildeten eine Reihe vorgerückte zu dem Rand von dem

playa, donde se deshacían las olas y una delgada lámina de agua
Strand wo sich auflösten   die Wellen und eine dünne   Schicht von Wasser

bruñía el suelo cual si fuese de cristal; detrás, con la embetunada
polierte den Boden als ob [er] wäre aus Glas   hinten mit dem eingecremten

panza sobre la arena, estaban las negras barcas del   "bòu",   las
Bauch über dem Sand befanden sich die schwarzen Boote von der Grundnetzfischerei die

parejas que aguardaban el invierno para lanzarse al mar, barriéndolo
Paare   die   erwarteten   den Winter um zu stürzen sich in das Meer fegend es

con su cola de redes; y en último término, los laúdes en reparación,
mit ihrem Schwanz von Netzen und letzten Endes   die Feluken in Reparatur

> el laúd = zweimastiges Küstenfahrzeug des Mittelmeers mit dreieckigem Segel

los abuelos, junto a los cuales   agitábanse   los calafates,
die Großeltern neben welchen hin und her bewegten sich die Kalfaterer

> kalfatern = die Fugen mit Hanf und Teer abdichten

embadurnándoles los flancos con caliente alquitrán, para que otra vez
  beschmierend sie   die Flanken mit heißem   Teer   damit [ein] anderes Mal

> otra vez = wieder

volviesen   a emprender sus penosas y monótonas navegaciones por
[sie] zurückkehrten zu angehen   ihre mühseligen und monotonen Schifffahrten durch

> volver a emprender algo = etwas wieder in Angriff nehmen

4

el Mediterráneo: unas veces a las Baleares con sal, otras   a la costa
das   Mittelmeer   einige   Male zu den Balearen mit Salz andere [Male] zu der Küste

de Argel con frutas de la huerta levantina, y muchas con melones y
von Algier mit Früchten von der Huerta des Levante und   viele   mit Melonen und

la huerta = fruchtbare, künstlich bewässerte Ebene in Spanien

el Levante = Ostküste Spaniens bzw. die Regionen País Valenciano und Murcia

patatas para los soldados rojos de Gibraltar.
Kartoffeln für   die   Soldaten   roten von   Gibraltar

En el curso de un año,   la playa cambiaba de vecinos; los laúdes ya
In dem Laufe von einem Jahr [an] dem Strand wechselten [die] Nachbarn   die Feluken schon

reparados se hacían a la mar y las embarcaciones de pesca eran
reparierten sich machten zu dem Meer und die   Fischereischiffe   wurden

hacerse a la mar = auslaufen

armadas y lanzadas al   agua; sólo una barca abandonada y   sin
ausgerüstet und gestoßen in das Wasser nur ein Boot verlassenes   und ohne

arboladura permanecía enclavada en la arena, triste, solitaria, sin otra
Takelage   blieb   eingeschlossen in dem Sand traurig   allein   ohne andere

compañía que la   del   guardia que se sentaba a su   sombra.
Gesellschaft   als der von dem Polizisten der sich setzte in seinen Schatten

El sol había derretido su pintura; las tablas se agrietaban y crujían con
Die Sonne hatte geschmolzen seine Farbe   die Bretter   wurden rissig und knirschten von

la sequedad, y la arena, arrastrada por el viento, había invadido su
der   Hitze   und der Sand   gezogen   von dem Wind   hatte eingefallen sein

cubierta. Pero su perfil fino, sus flancos recogidos   y la gallardía de
Deck   Aber sein Profil feines seine Flanken zurückgezogenen und die Anmut   von

su construcción delataban una embarcación ligera y audaz, hecha para
seinem   Bau   verrieten ein   Schiff   leichtes und kühnes gemacht für

locas carreras, con desprecio a los peligros del   mar. Tenía la triste
verrückte Rennen   mit Verachtung für die Gefahren von dem Meer [Es] hatte die traurige

belleza de esos caballos viejos que fueron briosos corceles y caen
Schönheit von diesen Pferden alten die waren energische Rösser und fallen

abandonados y débiles sobre la arena de la plaza de   toros. Hasta
verlassen   und schwach auf   den Sand von dem Platz von [den] Stieren Sogar

la plaza de toros = die Stierkampfarena

de   nombre carecía.   La popa estaba lisa y en los costados ni
[--] [eines] Namens ermangelte [es] Das Heck war   glatt und an den Seiten   nicht

una señal del número de filiación y nombre de la matrícula, un ser
ein Zeichen von der Nummer von Herkunft und Name von der Zulassung   ein Wesen

desconocido que se moría entre aquellas otras barcas, orgullosas de
unbekanntes das sich starb zwischen jenen   anderen Booten   stolz   auf

sus pomposos nombres, como mueren en el mundo algunos, sin
ihre prunkvollen Namen   wie   sterben in der Welt   einige   ohne

desgarrar el misterio de su vida.
[zu] [hier:] lösen das Geheimnis von ihrem Leben

Pero el incógnito de la barca sólo era aparente. Todos la conocían en
Aber das Inkognito von dem Boot nur war scheinbar Alle es kannten in

Torresalinas, y no hablaban de ella sin sonreír y guiñar   un ojo,
Torresalinas und nicht sprachen von ihm ohne [zu] lächeln und zwinkern [mit] einem Auge

como si les recordase algo que excitaba malicioso regocijo.
als ob [es] sie erinnerte an etwas das anregte boshafte Freude

Una mañana, a la sombra de la barca abandonada, cuando el mar
Eines Morgens in dem Schatten von dem Boot verlassenen als das Meer

hervía bajo el sol y parecía un cielo de noche de verano, azul y
toste unter der Sonne und aussah wie ein Himmel von Nacht von Sommer blau und
el cielo de noche = der Nachthimmel

espolvoreado de puntos de luz, un viejo pescador me contó la historia.
bestäubt mit Punkten von Licht ein alter Fischer mir erzählte die Geschichte
el punto de luz = der Lichtfleck

— Este falucho— dijo acariciándole con una palmada el vientre seco
Diese Feluke sagte [er] tätschelnd ihm mit einem Klaps den Bauch trockenen

y arenoso— es "El Socarrao", el barco más valiente y más conocido
und sandigen ist Der Angekohlte das Boot am meisten kühne und am meisten bekannte

de cuantos se hacen al mar desde Alicante a Cartagena. ¡Virgen
von allen, die auslaufen von Alicante bis Cartagena Heiliger

Santísima! ¡El dinero que lleva ganado   este "condenao"! ¡Los duros
Bimbam Das Geld das schon [hat] eingebracht dieser Verflixte Die Geldstücke
el duro = die Fünfpesetenmünze

que han   salido   de ahí dentro! Lo menos lleva hechos veinte viajes
die haben herausgekommen von da drin Mindestens [er] schon [hat] gemacht zwanzig Reisen

desde Orán a estas costas, y siempre con la panza bien repleta de
von Oran an diese Küsten und immer mit dem Bauch gut vollgefüllt von
Oran = Küstenstadt Algeriens

fardos.
Bündeln

El bizarro y extraño nombre de "Socarrao" me admiraba algo,
Der bizarre und sonderbare Name von Angekohlte mich verwunderte etwas

y de ello se apercibió el pescador. — Son motes, caballero; apodos
und von dem sich bewusst wurde der Fischer [Das] sind Spitznamen [mein] Herr Beinamen

que aquí tenemos, lo mismo los hombres que las barcas. Es inútil que
die hier [wir] haben das Gleiche die Menschen wie die Boote [Es] ist zwecklos dass
lo mismo = genauso

el cura gaste   sus latines con nosotros; aquí quien bautiza de veras es
der Pfarrer verwende sein Latein bei uns hier wer tauft wirklich sind

la gente. A mí   me llaman Felipe; pero si algún día me busca usted,
die Leute [--] [--] [sie] mich nennen Felipe aber wenn eines Tages mich suchen Sie

6

pregunte por "Castelar", pues así me conocen, porque me gusta
fragen [Sie] nach Castelar also so [sie] mich kennen weil mir gefällt

Emilio Castelar y Ripoll = war spanischer Politiker, berühmt für seine Redekunst

hablar con las personas y en la taberna soy el único que puede leer
[das] Sprechen mit den Personen und in der Kneipe [ich] bin der Einzige der kann vorlesen

el periódico a los compañeros. Ese muchacho que pasa con el cesto
die Zeitung [--] den Kameraden Dieser Kerl der herumgeht mit dem Korb

de pescado es "Chispas", a su patrón le llaman "El Cano", y así
mit Fisch ist Funken [--] seinen Chef [sie] ihn nennen Der Grauhaarige und so

estamos bautizados todos.
[wir] sind getauft alle

Los amos de las barcas se calientan el caletre buscando un nombre
Die Besitzer von den Booten sich erhitzen das Köpfchen suchend einen Namen

bonito para pintarlo en la popa. Una, la "Purísima Concepción"; otra,
schönen um zu malen ihn auf das Heck Eines die Unbefleckte Empfängnis [ein] Anderes

"Rosa del Mar"; aquélla, "Los Dos Amigos"; pero llega la gente
Rose vom Meer jenes Die Zwei Freunde aber [dann] kommen die Leute

con su manía de sacar motes, y se llaman "La Pava", "El
mit ihrer Marotte von [hier] ausdenken Spitznamen und [sie] werden genannt Die Truthenne Der

Lorito", "La Medio Rollo", y gracias que no las distingan con
kleine Papagei Die Halbe Rolle und gottlob dass [sie] nicht sie unterscheiden mit

nombres menos decentes. Un hermano mío tiene la barca más
Namen weniger anständigen Ein Bruder [von] mir hat das Boot am meisten

hermosa de toda la matrícula; la bautizamos con el nombre de mi
prächtige von ganzen dem Verzeichnis [wir] es tauften auf den Namen von meiner

hija: "Camila"; pero la pintamos de amarillo y blanco, y el día
Tochter Camila aber [wir] es strichen mit Gelb und Weiß und [an] dem Tag

del bautizo se le ocurrió decir a un pillo de la playa que parecía
von der Taufe sich ihm fiel ein [zu] sagen zu einem Gauner von dem Strand dass [er] aussah wie

un huevo frito. ¿Puede usted creerlo? Sólo con este apodo la conocen.
ein Spiegelei können Sie glauben das Nur unter diesem Beinamen [sie] es kennen

— Bien— le interrumpí— ; pero ¿y "El Socarrao"? — Su verdadero
Gut [ich] ihn unterbrach aber und Der Angekohlte Sein wahrer

nombre era "El Resuelto", pero por la prontitud con que maniobraba
Name war Der Entschlossene aber wegen der Schnelligkeit mit der [es] manövrierte

y la furia con que acometía los golpes de mar, dieron en llamarle
und der Wucht mit der [es] angriff die Schläge von [dem] Meer [sie] begannen zu nennen es

el golpe de mar = das Unwetter auf See

"El Socarrao", como a una persona de mal genio... Y ahora vamos a
Der Angekohlte wie [--] eine Person mit schlechtem Charakter Und jetzt [wir] gehen zu

de mal genio = jähzornig

lo que le ocurrió a este pobre "Socarraíco" hace poco más de un año,
dem was ihm geschah [--] diesem armen kleinen Angekohlten vor wenig mehr als einem Jahr

la última vez que vino de Orán.
das letzte Mal als [es] kam von Oran

Miró el viejo a todos lados, y convencido de que estábamos solos, dijo
Sah der Alte nach allen Seiten und überzeugt davon dass [wir] waren alleine [er] sagte

con sonrisa bonachona: — Yo iba en él, ¿sabe usted? Esto no lo
mit Lächeln vertrauensseligem Ich fuhr in ihm wissen Sie Das nicht es

ignora nadie en el pueblo; pero si yo se lo digo es porque estamos
weiß niemand in dem Dorf aber wenn ich ihnen das sage ist [das] weil [wir] sind

no ... nadie = niemand

solos y usted no irá después a hacerme daño. ¡Qué demonio! Haber
alleine und Sie nicht werden danach [--] zufügen mir Schaden Was [zum] Teufel [Zu] haben

ido en "El Socarrao" no es ninguna deshonra. Todo eso de aduanas
gefahren in Der Angekohlte [--] ist keine Schande Alles das von Zöllen

y Guardias y barquillas de la Tabacalera no lo ha creado Dios: lo
und Polizisten und Bötchen von dem Tabakmonopol nicht das hat geschaffen Gott Es

inventó el gobierno para hacernos daño a los pobres, y el contrabando
erfand die Regierung um zu zufügen uns Schaden [--] den Armen und der Schmuggel

no es pecado, sino un medio muy honroso de ganarse el pan
nicht ist Sünde sondern ein Mittel sehr ehrenvolles zu verdienen sich sein Brot

exponiendo la piel en el mar y la libertad en tierra. Oficio de hombres
riskierend die Haut auf dem Meer und die Freiheit auf Erden Beruf von Männern

enteros y valientes como Dios manda.
ganzen und kühnen wie Gott befiehlt

como Dios manda = wie es sich gehört

Yo he conocido los buenos tiempos. Cada mes se hacían dos viajes, y
Ich habe gekannt die guten Zeiten Jeden Monat sich machten zwei Reisen und

el dinero rodaba por el pueblo que era un gusto. Había para
das Geld lief um in dem Dorf dass [es] war ein Vergnügen [Es] war [Geld] da für

todos: para los de uniforme, pobrecitos que no saben cómo mantener
alle für die mit Dienstkleidung arme Kerle die nicht wissen wie [sie] unterhalten

su familia con dos pesetas, y para nosotros la gente de mar.
[sollen] ihre Familie mit zwei Peseten und für uns die Seeleute

la peseta = frühere spanische Währungseinheit

Pero el negocio se puso cada vez peor, y "El Socarrao" hacía sus
Aber das Geschäft wurde jedes Mal schlechter und Der Angekohlte machte seine

viajes de tarde en tarde, con mucho cuidado, pues le constaba al
Reisen von Zeit zu Zeit mit viel Vorsicht denn [für] ihn stand fest [--] den

patrón que nos tenían entre ojos y deseaban meternos mano. En
Chef dass [sie] uns hatten zwischen [den] Augen und wünschten [zu] stecken uns Hand Auf

tener entre ojos = auf dem Kieker haben

desear meter mano a alguien = jemandem ans Fell wollen

la última correría íbamos ocho hombres a bordo. En la madrugada
dem letzten Raubzug fuhren acht Männer an Bord An dem Morgen

8

habíamos salido de Orán, y a mediodía, estando a la altura de
[wir] hatten gestartet von Oran und zu Mittag [uns] befindend auf der Höhe von

Cartagena, vimos en el horizonte una nubecilla negra, y al poco
Cartagena [wir] sahen an dem Horizont ein Wölkchen schwarzes und nach der kleinen

rato un vapor que todos conocimos. Mejor hubiéramos visto
Weile einen Dampfer den alle [wir] kennen Besser [wir] hätten gesehen

al poco rato = kurz darauf

asomar una tormenta. Era el cañonero de Alicante.
sichtbar werden ein Gewitter [Es] war das Kanonenboot von Alicante

Soplaba buen viento. Íbamos en popa, con toda la gran vela de frente
[Es] wehte [ein] guter Wind [Wir] fuhren auf Heck mit ganzen dem Großsegel von vorne

tener viento en popa = Rückenwind haben

y el foque tendido. Pero con estas invenciones de los hombres, la
und dem Klüver gespannten Aber gegen diese Erfindungen von den Menschen das

der Klüver = dreieckiges Vorsegel

vela ya no es nada, y el buen marinero aún vale menos. No es que
Segeln ja nicht ist nichts und der gute Seemann noch ist wert weniger [Es] nicht ist dass [sie]

no ... nada = nichts

nos alcanzaban, no señor. ¡Bueno es "El Socarrao" para dejarse
uns einholten nein [mein] Herr Gut ist Der Angekohlte gegen lassen sich

ser bueno ... para = ... helfen gegen

atrapar teniendo viento! Navegábamos como un delfín, con el casco
erwischen habend Wind [Wir] navigierten wie ein Delfin mit dem Rumpf

inclinado y las olas lamiendo la cubierta; pero en el cañonero
geneigten und die Wellen rollend [auf] das Deck aber auf dem Kanonenboot [sie]

apretaban las máquinas, y cada vez veíamos más grande el barco,
drückten die Maschinen und jedes Mal [wir] sahen mehr groß das Boot

apretar las máquinas = auf die Tube drücken

cada vez más = immer mehr

aunque no por esto perdíamos mucha distancia. ¡Ah! ¡Si hubiéramos
obwohl nicht deswegen [wir] verloren viel Abstand Ach Wenn [wir] hätten

estado a media tarde! Habría cerrado la noche antes que nos
gehabt [--] [den] halben Nachmittag [Dann] hätte geschlossen die Nacht bevor [es] uns

a media tarde = spätnachmittags

el cerrar la noche = der Einbruch der Nacht

alcanzara, y cualquiera nos encuentra en la oscuridad.
einholte und irgendeiner uns trifft in der Dunkelheit

Pero aún quedaba mucho día, y corriendo a lo largo de la costa era
Aber noch blieb viel [vom] Tag und schnell fahrend entlang der Küste war

indudable que nos pillarían antes del anochecer. El patrón
unzweifelhaft dass [sie] uns erwischen würden vor dem Einbruch der Dunkelheit Der Chef

manejaba la barra con el cuidado de quien tiene toda su fortuna
handhabte das Ruder mit der Vorsicht von [jemandem] der hat ganzes sein Schicksal

la barra del timón = der Hebelarm des Steuerruders

9

pendiente de una mala virada. Una nubecilla blanca se desprendió
hängend   an einer schlechten Wende   Ein   Wölkchen   weißes   sich   löste

del   vapor y oímos el estampido de un cañonazo. Como no vimos
von dem Dampfer und [wir] hörten den   Knall   von einem Kanonenschuss   Da nicht [wir] sahen

la bala, comenzamos a reír, satisfechos y hasta orgullosos de que
die Kugel [wir]   begannen zu   lachen   zufrieden   und sogar   stolz   darauf dass [sie]

nos avisasen   tan ruidosamente.
uns   Bescheid gäben so   geräuschvoll

Otro   cañonazo, pero esta vez con malicia. Nos pareció que un gran
Noch ein Kanonenschuss aber dieses Mal mit   Arglist   Uns   schien   dass ein großer

pájaro pasaba silbando sobre la barca, y la antena se vino abajo con el
Vogel   vorbeiflog   pfeifend   über dem Boot ´und die   Rah   sich kam herunter mit dem

die Rah = Querstange am Mast für das Rahsegel

cordaje   roto   y la vela desgarrada. Nos habían desarbolado, y
Takelwerk gerissenen und dem Segel   zerfetzten [Sie] uns   hatten   den Mast gekappt und

al   caer el aparejo le rompió una pierna a uno de la tripulación.
bei dem Fallen die Takelage ihm   brach   ein   Bein [--] einem von der Schiffsmannschaft

Confieso que temblamos un poco. Nos veíamos cogidos, y ¡qué
[Ich] gebe zu dass [wir] zitterten   ein wenig [Wir] uns   sahen   gefasst   und was [zum]

demonio! ir a la cárcel como un ladrón por   ganar el pan de la
Teufel   gehen in das Gefängnis wie ein   Dieb   dafür [zu] verdienen das Brot von der

familia es algo más temible que una noche de tormenta. Pero el patrón
Familie   ist etwas mehr fürchterliches als eine   Nacht   von   Gewitter   Aber der   Chef

de "El Socarrao" es hombre que vale tanto como su barca. — Chicos,
von Der Angekohlte   ist [ein] Mann der   wert ist so viel   wie sein Boot   Jungs

eso no es nada. Sacad   la vela nueva. Si sois listos   no nos cogerán.
das [--] ist nichts Nehmt heraus das Segel neue Wenn [ihr] seid klug [sie] nicht uns fassen werden

no ser nada = eine Kleinigkeit sein

No hablaba a sordos, y como   listos no había más que pedirnos. El
[Er] nicht sprach zu Gehörlosen und da [wir waren] klug [er] nicht hatte mehr als [zu] bitten uns Der

no más que = nur

pobre compañero se revolvía como una lagartija, tendido en la proa,
arme   Kamerad   sich wälzte   wie   eine   Eidechse   hingelegt in dem Bug

tentándose la pierna rota,   lanzando alaridos y pidiendo por todos los
betastend sich das Bein gebrochene ausstoßend Geschrei und   bittend   bei allen [--]

santos   un trago de agua: ¡para contemplaciones estaba el tiempo!
Heiligen [um] einen Schluck von Wasser   für   Rücksicht   war [--] Zeit

Nosotros fingíamos no   oírle, atentos únicamente a nuestra faena,
Wir   gaben vor nicht [zu] hören ihn aufmerksam   nur   auf unsere Arbeit

separando el cordaje y atando   a la antena la vela de repuesto, que
trennend   das Takelwerk und festbindend an die Rah   das   Ersatzsegel   was

hicimos a los diez minutos.
[wir] machten nach [--] zehn   Minuten

El patrón cambió el rumbo. Era inútil resistir en el mar a aquel
Der Chef   änderte den Kurs [Es] war zwecklos stand[zu]halten in dem Meer [--] diesem

enemigo que andaba con humo y escupía balas. ¡A tierra, y que fuese
Feind der fuhr mit Rauch und ausstieß Kugeln An Land und dass wäre

lo que Dios quisiera! Estábamos frente a Torresalinas. Todos éramos
das was Gott wollte [Wir] befanden uns gegenüber von Torresalinas Alle [wir] waren
que sea lo que Dios quiera = also in Gottes Namen

de aquí y contábamos con los amigos. El cañonero, viéndonos con
von hier und zählten auf die Freunde Das Kanonenboot sehend uns mit

rumbo a tierra, no disparó más. Nos tenía cogidos, y seguro de su
Kurs auf [das] Land nicht schoss mehr [Es] uns hatte gefasst und [sich] sicher von seinem

triunfo ya no extremaba la marcha. La gente que estaba en esta
Triumph schon nicht bis zum Äußersten trieb das [hier] Tempo Die Leute die befanden sich an diesem
ya no = nicht mehr

playa no tardó en vernos, y la noticia circuló por todo el pueblo. ¡"El
Strand nicht zögerten zu sehen uns und die Nachricht kursierte in ganzen dem Dorf Der

Socarrao" venía perseguido por un cañonero!
Angekohlte kam verfolgt von einem Kanonenboot

Había que ver lo que ocurrió. Una verdadera revolución: créame
[Man] musste sehen das was geschah Eine wahre Revolution: Glauben mir

usted, caballero. Medio pueblo era pariente nuestro, y los demás
Sie [mein] Herr [Das] halbe Dorf waren Verwandte [von] uns und die Übrigen

comían más o menos directamente del "negocio". Esta playa parecía
zehrten mehr oder weniger direkt von dem Geschäft Dieser Strand wirkte wie

un hormiguero. Hombres, mujeres y chiquillos nos seguían con
ein Ameisenhaufen Männer Frauen und Kinder uns folgten mit

mirada ansiosa, lanzando gritos de satisfacción al ver cómo nuestra
Blick begierigem ausstoßend Schreie von Zufriedenheit als [sie] sahen wie unser

barca, haciendo un último esfuerzo, se adelantaba cada vez más a su
Boot machend eine letzte Anstrengung sich vorrückte immer mehr [--] seinem
hacer un esfuerzo = sich anstrengen

perseguidor, llevándole una media hora de ventaja. Hasta el alcalde
Verfolger habend ihm eine halbe Stunde von Vorteil Sogar der Bürgermeister
llevar una ventaja a alguien = vor jemandem Vorsprung haben

estaba aquí, para servir en lo que fuera bueno. Y los carabineros,
war hier um zu dienen [mit] in dem was [er] wäre gut Und die Zollwachen

excelentes muchachos que viven entre nosotros y son casi de la
vorzügliche Burschen die leben unter uns und sind fast von der
ser de = gehören (zu)

familia, hacíanse a un lado, comprendiendo la situación y no
Familie gingen auf eine Seite verstehend die Situation und nicht

queriendo perder a unos pobres.
wollend verlieren [--] ein paar Arme

11

— ¡A tierra, muchachos!— gritaba nuestro patrón— . Vamos a
An Land Jungs schrie unser Chef [Wir] gleich

[ir a + Infinitiv = gleich/bald etwas tun]

embarrancar. Lo que importa es poner en salvo fardos y personas.
stranden Das was wichtig ist [ist, zu] setzen in unbeschädigt Bündel und Personen

[poner a salvo = in Sicherheit bringen]

"El Socarrao" ya sabrá salir de este mal paso. Y sin
Der Angekohlte schon wissen wird heraus[zu]kommen von diesem falschen Schritt Und ohne

[salir del mal paso = aus der Klemme helfen]

plegar casi el trapo, embestimos la playa, clavando la proa en
zusammen[zu]falten fast das Segel [wir] stürmten an [gegen] den Strand rammend den Bug in

la arena. ¡Señor, qué modo de trabajar! Aún me parece un sueño
den Sand [Mein] Herr was [für eine] Arbeitsweise Noch mir [es] erscheint wie ein Traum

cuando lo recuerdo. Todo el pueblo se tiró sobre la barca, la tomó
wenn daran [ich] erinnere mich Ganze das Dorf sich stürzte auf das Boot es nahm

por asalto: los chicuelos se deslizaban como ratas en la cala.
im Sturm: Die kleinen Kinder sich ließen hineingleiten wie Ratten in den Kielboden

[tomar por asalto = stürmen, erstürmen]

— ¡Aprisa! ¡Aprisa! ¡Que vienen los del gobierno! Los fardos saltaban
Schnell Schnell [--] kommen die von der Regierung Die Bündel hüpften

de la cubierta: caían en el agua, donde los recogían los hombres
von dem Deck: [Sie] fielen in das Wasser wo sie einsammelten die Männer

descalzos y las mujeres con la falda entre las piernas; unos
barfüßigen und die Frauen mit dem Rock zwischen den Beinen einige

desaparecían por aquí; otros se iban por allá; fue aquello visto y no
verschwanden hier andere gingen weg dort [es] war jenes gesehen und nicht

visto, y en poco rato desapareció el cargamento, como si lo hubiera
gesehen und in wenig Weile verschwand die Ladung als ob sie hätte

[visto y no visto = ehe man sich's versah]

[en poco rato = in kurzer Zeit]

tragado la arena. Una oleada de tabaco inundaba a Torresalinas,
verschluckt der Sand Eine Welle von Tabak überschwemmte [--] Torresalinas

filtrándose en todas las casas. El alcalde intervino paternalmente. —
sickernd in alle [--] Häuser Der Bürgermeister griff ein väterlich

Hombre, es demasiado— dijo al patrón— . Todo se lo llevan, y los
Mensch [das] ist zuviel [er] sagte zum Chef [Sie] alles sich es tragen und die

[llevarse = mitnehmen]

carabineros se quejarán. Dejad al menos algunos bultos para
Zollwachen sich beschweren werden Lasst wenigstens ein paar Packen [da] um zu

justificar la aprehensión.
rechtfertigen die Beschlagnahmung

Nuestro amo estaba conforme. — Bueno; haced unos cuantos bultos
Unser Arbeitgeber war einverstanden Gut macht ein paar Bündel

12

con dos fardos de la   peor   picadura. Que se contenten con eso. Y
mit zwei Ballen mit den schlimmsten Löchern   Dass [sie] sich begnügen mit dem Und [er]

 se alejó   hacia   el pueblo, llevándose en el pecho toda la
sich entfernte in Richtung auf das Dorf   mitnehmend an der Brust ganzen die

documentación de la barca. Pero aún se detuvo un momento, porque
Papiere   von dem Boot Aber [er] noch innehielt einen Moment   weil

aquel diablo de hombre estaba en todo. — ¡Los folios! ¡Borrad los
dieser   Teufelskerl   befand sich in allem   Die Folien Beseitigt die

| estar en todo = sich um alles kümmern |

folios! Parecía que a   la barca le habían   salido   patas. Estaba ya
Folien [Es] schien dass [--] [aus] dem Boot [--] hätten herausgekommen Beine [Es] war schon

 fuera del agua y se arrastraba por la arena en medio de aquella
außerhalb vom Wasser und sich schleppte   durch den Sand in [der] Mitte von dieser

| en medio de = inmitten |

multitud que bullía   y trabajaba, animándose con alegres gritos. —
  Menge die sich tummelte und arbeitete   ermunternd sich mit vergnügten Schreien

¡Qué chasco! ¡Qué   chasco se llevarán los del gobierno!
Was [für ein] Streich Was [für einen] Reinfall mitnehmen werden die von der Regierung

| llevarse un chasco = einen Reinfall erleben |

El compañero de la pierna   rota   era llevado en alto por su mujer y
Der   Kamerad   mit dem Bein gebrochenen wurde getragen in hoch von seiner Frau und

 su madre. El pobrecillo gemía de dolor a cada movimiento brusco,
seiner Mutter Der arme Kerl stöhnte vor Schmerz bei jeder Bewegung plötzlichen

pero se   tragaba   las lágrimas y reía también como los otros, viendo
aber sich schluckte hinunter die Tränen und lachte auch   wie die Anderen sehend

que el cargamento se salvaba y pensando en aquel chasco que hacía
dass die   Ladung wurde gerettet und denkend an diesen Streich der machte

reír a todos. Cuando los últimos fardos se perdieron en las calles de
lachen [--] alle Als   die letzten Ballen verschwanden in den Straßen von

| hacer + Infinitiv = lassen |

Torresalinas, comenzó la rapiña de la barca. El   gentío se llevó las
  Torresalinas begann die Plünderung von dem Boot Die Menschenmenge nahm mit die

velas, las anclas, los remos: hasta desmontamos el mástil, que se cargó
Segel die Anker die Ruder: [Wir] sogar demontierten den Masten den sich lud

en hombros una turba de muchachos, llevándolo en procesión al
auf [die] Schultern eine Menge von   Kerlen   tragend ihn in [einer] Reihe an das

otro extremo del pueblo. La barca quedó hecha un pontón, tan pelada
andere Ende vom Dorf Das Boot blieb gemacht ein Ponton so kahl

| el pontón = schwimmender Hohlkörper zum Bau von Brücken |

como usted la ve.
wie Sie es sehen

Y mientras tanto, los calafates, brocha en mano, pinta que pinta. "El
Und inzwischen die Kalfaterer Pinsel in [der] Hand malten und malten Der

13

Socarrao" se desfiguraba como un burro de   gitano. Con cuatro
Angekohlte sich verkleidete   wie   ein   Esel von [einem] Zigeuner Mit   vier

brochazos fue borrado el nombre de popa; y de los folios de los
Pinselstrichen wurde gestrichen der   Name   des Hecks und von den Folien an den

costados, de esos malditos letreros, que son la cédula de toda
Seiten   von diesen verfluchten Schildern   die   sind der Ausweis von jedem

embarcación, no quedó ni rastro.
Schiff   nicht blieb nicht Spur

ni rastro = keine Spur

El cañonero echó anclas al   mismo tiempo que desaparecían en la
Das Kanonenboot warf   Anker zu der gleichen   Zeit   als   verschwanden bei dem

entrada del pueblo los últimos despojos de la barca. Yo me quedé en
Eingang   vom   Dorf   die   letzten Beutestücke von dem Boot   Ich   blieb   an

este sitio, queriendo verlo todo, y para   mayor disimulo ayudaba a
diesem Ort   wollend   sehen es alles und für [eine] größere Verschleierung   half   [--]

unos amigos que echaban al   mar una lancha de pesca. El cañonero
einigen Freunden die   bewegten zum Meer ein   Fischerboot   Das Kanonenboot

envió un bote armado, y saltaron a tierra   no sé cuántos hombres con
sandte   ein   Boot bewaffnetes und sprangen an Land [ich] nicht weiß wie viele   Männer   mit

fusil y bayoneta. El contramaestre, que iba al frente, juraba furioso
Gewehr und Bajonett Der   Bootsmann   der ging an der Spitze fluchte   wütend

mirando a "El Socarrao" y a los carabineros, que se habían
anblickend [--] Den Angekohlte und [--] die   Zollwachen   die sich hatten

apoderado de él. Todo el vecindario de Torresalinas se reía a aquellas
bemächtigt seiner   Ganze die Nachbarschaft von   Torresalinas sich lachte zu diesen

horas, celebrando el chasco, y aún hubiera reído más, viendo, como
Stunden   feiernd   den Streich und noch   hätte   gelacht mehr sehend   wie

yo, la cara que ponía aquella gente al encontrar por todo
ich das Gesicht das machten jene   Leute   als [sie] fanden als ganze

cargamento unos cuantos bultos de tabaco malo.
Ladung   ein paar   Bündel von Tabak schlechtem

— ¿Y qué pasó después?— pregunté al   viejo— . ¿No castigaron a
Und was geschah danach   [ich] fragte   den Alten   [Sie] nicht bestraften [--]

nadie? — ¿A quién? Únicamente podían castigar al pobre
niemanden   [--] wen [Sie]   nur   konnten bestrafen den armen

"Socarrao", que quedó prisionero. Se ensució mucho papel y   medio
Angekohlten   der blieb Gefangener [Es] wurde befleckt viel   Papier und [das] halbe

pueblo fue a declarar; pero nadie sabía nada. ¿De qué matrícula era el
Dorf   ging zu [dem] Aussagen aber niemand wusste nichts   Von welcher Zulassung war das

nadie sabe nada = niemand weiß etwas

barco? Silencio; nadie le había visto los folios. ¿Quiénes lo tripulaban?
Boot   Schweigen niemand [--] hatte gesehen die Folien   Wer   es   bemannte

Unos hombres que   al   varar   habían echado a correr tierra adentro.
Einige   Männer   die   beim Stranden hatten   losgelaufen   landeinwärts

> echar a = beginnen zu

Y   nadie sabía más.
Und niemand wusste mehr

— ¿Y el cargamento?— dije yo. — Lo vendimos completo. Usted no
Und die   Ladung   sagte ich   [Wir] sie verkauften   komplett   Sie nicht

sabe lo que es la pobreza. Cuando embarrancamos, cada uno agarró el
wissen das was ist die   Armut   Als   [wir]   strandeten   jeder einzige ergriff den

> cada uno = jeder

fardo que tenía más a   mano y echó a correr para esconderlo en su
Ballen den [er] hatte mehr an [der] Hand und   lief los   um zu   verstecken es   in seinem

casa. Pero al   día siguiente estaban todos a disposición del patrón: no
Haus   Aber an dem Tag folgenden   waren   alle zu [der] Verfügung   vom   Chef: Nicht

> estar a disposición = da sein für

se perdió ni una libra de tabaco. Los   que exponen la vida por el
ging verloren [--] ein Pfund von Tabak Diejenigen die   riskieren das Leben für das

pan y todos los días le ven la cara a la muerte, están más libres de
Brot und   jeden Tag   [--] sehen das Gesicht [--] dem Tod   sind mehr   frei   von

> mirar cara a cara a la muerte = dem Tod ins Auge blicken

tentaciones que los otros... — Desde entonces— continuó el viejo—
Versuchungen   als   die Anderen   Seitdem   fuhr fort   der Alte

que está aquí preso   el pobre "Socarrao". Pero no tardará en hacerse
[--]   ist   hier Gefangener der arme   Angekohlte   Aber [er] nicht zögern wird aus[zu]laufen

a la mar con su antiguo amo. Parece que ha terminado el papeleo;
mit seinem   alten   Besitzer [Es] scheint dass hat   aufgehört   der Papierkrieg [sie]

lo sacarán a subasta, y se lo quedará el patrón por lo que quiera dar.
es   versteigern werden   und [--] es bleiben wird der Chef   für das was [er] wolle bieten

— ¿Y   si   otro   da más? — ¿Y quién ha de ser ese? ¿Somos acaso
Und wenn [ein] anderer bietet mehr   Und   wer   soll sein   dieser Sind [wir] vielleicht

> haber de = müssen, sollen

bandidos? Todo el pueblo sabe quién es el verdadero amo de la barca
Gauner   Ganze das   Dorf   weiß   wer   ist der   wahre   Besitzer von dem Boot

abandonada, y nadie tiene   tan mal corazón que   intente
verlassenen   und niemand hat [ein] so schlechtes Herz   dass [er] versuche [zu]

perjudicarle. Aquí hay mucha honradez. A cada uno lo que sea suyo: el
schaden ihm   Hier [es] gibt   viel Ehrenhaftigkeit [--]   jedem   das was sei seines das

mar, que es de Dios, para nosotros los pobres, que hemos de   sacar
Meer   das gehört Gott   für   uns   die   Armen   die   müssen   herausholen

el pan de él, aunque no quiera el gobierno.
das Brot aus ihm auch wenn nicht wolle   die Regierung

15

Lobos de mar
Wölfe von [dem] Meer

el lobo de mar = der Seebär

Retirado de los "negocios" después de cuarenta años de navegación
Zurückgezogen von den Geschäften nach vierzig Jahren von Schifffahrt

con toda clase de riesgos y aventuras, el capitán Llovet era el vecino
mit jeder Art von Risiken und Abenteuern der Kapitän Llovet war der Bewohner

más importante del Cabañal, una población de: casas blancas de un
am meisten wichtige von [--] Cabañal einem Ort von Häusern weißen mit einem

El Cabañal-Cañamelar = Stadtviertel von Valencia

solo piso, de calles anchas, rectas y ardientes de sol, semejante a una
einzigen Geschoss mit Straßen breiten geraden und glühenden vor Sonne ähnlich [--] einer

pequeña ciudad americana. La gente de Valencia que veraneaba allí
kleinen Stadt amerikanischen Die Leute von Valencia die Urlaub machten hier

miraba con curiosidad al viejo lobo de mar, sentado en un gran sillón
sahen an mit Neugier den alten Seebär sitzend in einem großen Sessel

bajo el toldo de listada lona que sombreaba la puerta de su casa.
unter dem Sonnendach aus gestreifter Zeltleinwand die beschattete die Tür von seinem Haus

Cuarenta años pasados a la intemperie, en la cubierta de su buque,
Vierzig Jahre verbrachten in dem Freien auf dem Deck von seinem Schiff

sufriendo la lluvia y los rociones del oleaje, le habían infiltrado la
ertragend den Regen und das Spritzwasser vom Seegang ihm hatten infiltriert die

humedad hasta los mismos huesos, y, esclavo del reuma, permanecía
Feuchtigkeit bis [auf] die [--] Knochen und Sklave vom Rheuma [er] blieb

los más de los días inmóvil en su sillón, prorrumpiendo en quejidos y
die meisten von den Tagen bewegungslos in seinem Sessel ausbrechend in Gejammer und

juramentos cada vez que se ponía en pie. Alto, musculoso, con el
Flüche jedes Mal, wenn [er] sich stellte auf [den] Fuß Groß muskulös mit dem

ponerse de pie = aufstehen

vientre hinchado y caído sobre las piernas, la cara bronceada por el sol
Bauch aufgeblähten und hängenden über die Beine das Gesicht gebräunt von der Sonne

y cuidadosamente afeitada, el capitán parecía un cura en vacaciones,
und sorgfältig rasierten der Kapitän sah aus wie ein Pfarrer auf Urlaub

tranquilo y bonachón en la puerta de su casa. Sus ojos grises, de
ruhig und gutmütig in der Tür von seinem Haus Seine Augen grauen mit

mirada fija e imperativa, ojos de hombre habituado al mando, eran lo
Blick festem und gebieterischem Augen von [einem] Mann gewöhnt an das Kommando waren das

único que justificaba la fama del capitán Llovet, la leyenda sombría
Einzige das rechtfertigte den Ruhm von dem Kapitän Llovet die Legende düstere

que flotaba en torno de su nombre.
die schwebte um herum seinen Namen

16

Había pasado su vida en continua lucha con la marina real inglesa,
[Er] hatte verbracht sein Leben in ständigem Kampf mit der   Royal Navy

la marina real inglesa = die Kriegsmarine des Vereinigten Königreichs

burlando la persecución de los cruceros en su famoso bergantín
vermeidend die   Verfolgung   von den   Kreuzern in seiner berühmten   Brigg

el bergantín = das Segelschiff mit zwei Masten

repleto de carne negra, que transportaba desde la costa de Guinea a
überfüllten mit Fleisch schwarzem das [er] transportierte   von   der Küste von   Guinea zu

las Antillas. Audaz y de una frialdad inalterable, jamás le vieron oscilar
den   Antillen   Kühn und von einer Gleichgültigkeit unerschütterlichen nie   ihn sahen schwanken

sus marineros.
seine   Seemänner

Contábanse de él cosas horripilantes. Cargamentos enteros de negros
Erzählten sich von ihm Dinge   haarsträubende   Ladungen   ganze von Schwarzen

arrojados al agua para librarse del crucero que le daba caza; los
geworfene in das Wasser um zu befreien sich von dem Kreuzer der ihn   jagte   die

tiburones del Atlántico acudiendo a bandadas, haciendo hervir las olas
Haie   vom   Atlantik   herbeieilend in Schwärmen   lassend tosen   die Wellen

con su fúnebre coleteo, cubriendo el mar de manchas de sangre,
mit ihrem düsteren   Hin und Her   bedeckend das Meer mit   Flecken   von   Blut

coletear = mit dem Schwanz wedeln

repartiéndose a dentelladas los esclavos, que agitaban con
verteilend sich   mit   Bissen   die   Sklaven   die   schwenkten mit

a dentelladas = mit den Zähnen

desesperación sus brazos fuera del agua; sublevaciones de
Verzweiflung   ihre   Arme außerhalb vom Wasser   Aufstände   von

tripulación contenidas por él solo a tiros y hachazos; raptos de
[der] Schiffsmannschaft zurückgehaltene von ihm nur mit Schüssen und   Axthieben   Anfälle von

ciega cólera en los que corría por cubierta como una fiera; hasta se
blindem Jähzorn in [--] denen [er] rannte über [das] Deck   wie   eine Bestie sogar wurde

hablaba de cierta mujer que le acompañaba en sus viajes, la cual,
geredet   über [eine] gewisse Frau   die   ihn   begleitete   auf seinen Reisen   welche

desde el puente, fue arrojada al mar por el iracundo capitán después
von   der Brücke   wurde geworfen in das Meer von dem jähzornigen   Kapitän   nach

de una disputa por celos.
einem   Streit   aus Eifersucht

Y junto con esto, inesperados arranques de generosidad: socorros a
Und   nebst   dem   unerwartete Anwandlungen von   Edelmut   Hilfe   mit

manos llenas a las familias de sus marineros. En un arrebato de cólera
Händen   vollen [--] den   Familien von seinen Seemännern   In einem   Zornausbruch

a manos llenas = großzügig

era capaz de matar a uno de los suyos; pero si alguien caía al agua,
[er] war fähig zu   töten [--] einen von den Seinigen aber wenn   jemand   fiel in das Wasser [er]

se arrojaba para salvarle, sin miedo al   mar ni a sus voraces bestias.
sich stürzte [hinein] um zu retten ihn ohne Angst vor dem Meer und vor seinen gefräßigen Bestien

Enloquecía de furor si los compradores de   negros le engañaban en
[Er] wurde verrückt vor Wut wenn die   Käufer   von [den] Schwarzen ihn   betrogen   um
enloquecer de rabia = außer sich geraten vor Wut

unas cuantas pesetas, y en la misma noche gastaba tres o cuatro mil
    ein paar   Peseten und in der gleichen Nacht [er] gab aus drei oder vier   tausend

duros celebrando una de aquellas orgías que le habían hecho famoso
Fünfpesetenmünzen feiernd eine von   jenen   Orgien die ihn hatten gemacht berühmt

en la Habana. «Pega antes que habla», decían de él los marineros, y
in   Havanna [Er] schlägt bevor [er] spricht   sagten über ihn die Seemänner und
pegar un tiro = einen Schuss abfeuern

recordaban que, en alta mar, sospechando que su segundo
erinnerten sich dass auf hoher See   vermutend   dass sein Zweiter [Offizier]

conspiraba contra él,   le había deshecho el cráneo de un pistoletazo.
sich verschwörte gegen ihn [er] ihm hatte   zerstört   den Schädel mit einem Pistolenschuss

Aparte de esto, un hombre divertidísimo, a pesar de su cara fosca y
Abgesehen davon ein Mann   überaus lustiger   trotz   seines Gesichts finsteren und

su mirada dura. En la playa del Cabañal, la gente, reunida a la sombra
seines Blicks harten An dem Strand von [--] Cabañal die Leute versammelt in dem Schatten

de las barcas, reía recordando sus bromas. Una vez dio un convite a
von den Booten lachten sich erinnernd an seine Späße   Ein Mal [er] gab ein Festessen an

bordo al   reyezuelo   africano que le vendía los esclavos, y viendo
    Bord für den Stammeshäuptling afrikanischen der ihm verkaufte die Sklaven und sehend

borrachos a la negra majestad y sus cortesanos, hizo como   el
    betrunken [--] die schwarze Majestät und ihre   Höflinge [er] machte [es] wie [bei] dem

negrero de Merimée: desplegó velas y los vendió como esclavos.
Sklavenhändler von Mérimée: [Er] spannte auf [die] Segel und sie verkaufte als   Sklaven
Prosper Mérimée = war französischer Schriftsteller
desplegar velas = die Gelegenheit nutzen

Otra vez, viéndose perseguido por un crucero británico, desfiguró
[Ein] anderes Mal sehend sich   verfolgt   von einem Kreuzer britischen [er] machte unkenntlich

su buque en una sola noche, pintándolo de   otro color y cambiando
sein Schiff in einer einzigen Nacht   streichend es mit [einer] anderen Farbe und   ändernd

la arboladura. Los capitanes ingleses tenían datos en abundancia para
die Takelage Die Kommandanten englischen hatten Daten in [dem] Überfluss um zu

conocer el buque del audaz negrero; pero   como si no tuvieran nada.
kennen das Schiff von dem kühnen Sklavenhändler aber [es war] als ob [sie] [--] hätten   nichts

El capitán Llovet, como decían en la playa, era un gitano de   mar, y
Der Kapitän Llovet   wie [sie] sagten an dem Strand war ein Zigeuner von [dem] Meer und

trataba su barco como a un burro de   feria, haciéndole sufrir
behandelte sein Boot wie [--] einen Esel von [dem] Jahrmarkt lassend es ertragen

18

transformaciones maravillosas. Cruel y generoso, pródigo de su
Verwandlungen wundersame Grausam und edelmütig großzügig zu seiner

sangre y de la ajena, duro para el negocio y manirroto para el
Abstammung und zu der fremden [Person] hart bei dem Geschäft und verschwenderisch bei dem

placer, los negociantes de Cuba le habían apodado el "Capitán
Vergnügen die Händler von Kuba ihm hatten den Beinamen gegeben der Kapitän

Magnífico", y así seguían llamándole los pocos marineros de su
Großartige und so weiterhin nannten ihn die wenigen Seemänner von seiner

antigua tripulación que aún arrastraban por la playa las piernas
alten Schiffsmannschaft die noch schleppten über den Strand die Beine

reumáticas, tosiendo y encorvando el pecho.
rheumatischen hustend und krümmend die Brust

Casi arruinado por empresas comerciales, al retirarse de "la trata"
Fast ruiniert durch Handelsunternehmen als [er] zurückzog sich von dem Sklavenhandel

se había metido en su casa del Cabañal, viendo pasar la vida ante
[er] sich hatte begeben in sein Haus von [--] Cabañal sehend vorbeiziehen das Leben vor

su puerta, sin otra distracción que jurar como un condenado cuando el
seiner Tür ohne [einen] anderen Zeitvertreib als [zu] fluchen wie ein Verdammter wenn das

reuma le hacía permanecer inmóvil en su asiento. Por una respetuosa
Rheuma ihn ließ bleiben bewegungslos auf seinem Sitzplatz Aus einer respektvollen

admiración venían a sentarse en la acera algunos de aquellos
Bewunderung [heraus] kamen um zu setzen sich auf den Bürgersteig einige von jenen

vejestorios que habían recibido de él en otro tiempo órdenes y palos, y
alten Knackern die hatten erhalten von ihm früher Befehle und Schläge und

juntos hablaban con cierta melancolía de la "gran calle", como el
gemeinsam [sie] sprachen mit [einer] gewissen Melancholie von der großen Straße wie der

capitán llamaba al Atlántico, contando las veces que habían pasado
Kapitän nannte [--] den Atlantik zählend die Male die [sie] hatten hinübergefahren

de una acera a otra, de África a América, corriendo temporales y
von einer [hier] Seite zu [der] anderen von Afrika nach Amerika durchfahrend Stürme und

chasqueando a los polizontes del mar.
hereinlegend [--] die Bullen auf dem Meer

En verano, los días que no apretaba el dolor y las piernas estaban
Im Sommer die Tage [an] denen nicht drückte der Schmerz und die Beine waren

fuertes, bajaban a la playa, y el capitán, enardecido a la vista del
stark [sie] gingen hinunter zu dem Strand und der Kapitän entflammt bei dem Anblick vom

mar, desahogaba sus dos odios. Odiaba a Inglaterra por haber oído
Meer [er] sprach aus seine zwei Hass[objekte] [Er] hasste [--] England dafür [zu] haben gehört

silbar más de una vez las balas de sus cañones. Odiaba la navegación
pfeifen mehr als ein Mal die Kugeln von seinen Kanonen [Er] hasste die Dampfschifffahrt

a vapor como un sacrilegio marítimo. Aquellos penachos de humo que
wie ein religiöses Vergehen maritimes Jene Rauchfahnen die

19

pasaban por el horizonte eran los funerales de la marina. Ya no
vorbeizogen an dem Horizont waren das Begräbnis von der Marine Nicht mehr

quedaban sobre el agua hombres de oficio; ahora el mar era de los
blieben auf dem Wasser [hier] Seemänner jetzt das Meer gehörte den

fogoneros. En los días tempestuosos del invierno, siempre le veían en
Heizern In den Tagen stürmischen von dem Winter immer [sie] ihn sahen an

la playa con la nariz palpitante, olfateando la tormenta, como si aún
dem Strand mit der Nase zuckenden witternd das Unwetter als ob [er] immer noch

estuviera sobre cubierta preparándose a resistir el tiempo.
sich befände auf Deck vorbereitend sich zu standhalten dem Wetter

Una mañana lluviosa vio correr la gente hacia el mar, y allá fue él,
Eines Morgens regnerischen [er] sah rennen die Leute zu dem Meer und dorthin ging er

contestando con gruñidos a la familia, que le hablaba de su reuma.
widersprechend mit Murren [--] der Familie die [zu] ihm sprach von seinem Rheuma

Entre las negras barcas encalladas en la orilla destacábanse sobre el
Zwischen den schwarzen Booten gestrandeten an dem Ufer hoben ab sich von dem

mar, lívido y cubierto de espumarajos, los grupos de blusas azules,
Meer schwarzblau und bedeckt von dreckigem Schaum die Gruppen von Blusen blauen

las faldas ondeantes por el vendaval, con las que se resguardaban de
die Hutkrempen [sich] wellenden durch den Sturm mit denen sich schützten vor

la lluvia las mujeres.
dem Regen die Frauen

Lejos, en la bruma que cerraba el horizonte, corrían como ovejas
Weit entfernt in dem Dunst der verdeckte den Horizont eilten umher wie Schafe

asustadas las barcas pescadoras, con la vela casi recogida y negruzca
erschrockene die Fischerboote mit dem Segel fast eingeholten und schwärzlichen

por el agua, sosteniendo una lucha de terribles saltos, enseñando la
von dem Wasser bestehend [in] einem Kampf von schrecklichen Sprüngen zeigend den

quilla en cada cabriola, antes de doblar la punta del puerto,
Kiel bei jedem Luftsprung bevor [sie] umfuhren die Spitze vom Hafen [eine]

amontonamiento de peñascos rojos barnizados por las olas, entre
Anhäufung von Felsblöcken roten lackierten von den Wellen zwischen

los cuales hervía una espuma amarillenta, bilis del irritado mar.
welchen toste eine Gischt gelbliche Galle von dem aufgebrachten Meer

Una barca desarbolada iba como pelota de ola en ola hacia la
Ein Boot mit gebrochenem Mast [hier] trieb wie [ein] Ball von Welle zu Welle in Richtung auf die

siniestra punta. La gente gritaba en la playa viendo a los tripulantes
unheilvolle Spitze [zu] Die Leute schrien an dem Strand sehend [--] die Besatzungsmitglieder

tendidos en la cubierta, anonadados por la proximidad de la muerte.
hingelegten auf dem Deck entmutigt von der Nähe von dem Tod

20

Se hablaba de ir hasta la barca, de echarla un cabo, de
[Es] wurde gesprochen davon [zu] fahren bis zu dem Boot davon hin[zu]werfen ihm ein Seil davon

atraerla a la playa; pero los más audaces, mirando las olas que se
[zu] ziehen es an den Strand aber die am meisten kühnen ansehend die Wellen die sich

desplomaban llenando el espacio de polvo de agua, callábanse
brachen füllend den Raum mit Pulver aus Wasser verstummten

atemorizados. La barca que saliera daría la voltereta antes de mover
verängstigt Das Boot das abführe würde sich überschlagen vor [dem] Bewegen

la voltereta = der Purzelbaum

un remo. — A ver: ¡gente que me siga! Hay que salvar a esos pobres.
eines Ruders Mal sehen Leute [--] mir [Sie] folgen [Man] muss retten [--] diese Armen

Era la voz ruda e imperiosa del capitán Llovet. Se erguía sobre sus
[Es] war die Stimme raue und herrische von dem Kapitän Llovet [Er] sich erhob auf seine

torpes piernas, la mirada brillante y fiera, las manos temblorosas por la
schwerfälligen Beine der Blick funkelnd und wild die Hände zittrig von dem

cólera que le infundía el peligro. Las mujeres le miraban asombradas;
Jähzorn den ihm einflößte die Gefahr Die Frauen ihn sahen an erstaunt

los hombres retrocedían, formando ancho corro en torno de él, que
die Männer wichen zurück bildend [einen] weiten Kreis um herum ihn der

prorrumpió en juramentos, agitando sus manos como si fuera a
ausbrach in Flüche schwenkend seine Hände als ob [er] davor wäre zu

cerrar a golpes con toda la chusma. Le enfurecía el silencio de
angreifen gewaltsam [--] ganzen den Pöbel Ihn machte wütend das Schweigen von

aquella gente, como si estuviera ante una tripulación insubordinada.
diesen Leuten als ob [er] sich befände vor einer Schiffsmannschaft aufsässigen

— ¿Desde cuándo el capitán Llovet no encuentra en su pueblo
Seit wann der Kapitän Llovet nicht findet in seinem Dorf

hombres que le sigan al mar? Lo dijo rugiendo, como un tirano que
Männer die ihm folgen zum Meer [Er] es sagte brüllend wie ein Tyrann der

se ve desobedecido, como un Dios que contempla la huida de sus
sich sieht den Gehorsam verweigert wie ein Gott der nachdenkt über die Flucht vor seinen

fieles. Hablaba en castellano, lo que era en él señal de ciega cólera.
Gläubigen [Er] sprach auf Hochspanisch was war bei ihm Zeichen von blindem Jähzorn

—"¡Presente, capitán!"— gritaron a un tiempo unas cuantas voces
Hier Kapitän schrien zu [der] gleichen Zeit ein paar Stimmen

temblonas. Y abriéndose paso, aparecieron en el centro del corro cinco
zittrige Und bahnend sich einen Weg erschienen in der Mitte von dem Kreis fünf

viejos, cinco esqueletos roídos por el mar y las tempestades, antiguos
Alte fünf Skelette abgenagte von dem Meer und den Stürmen alte

21

marineros del capitán Llovet, arrastrados por la subordinación y el
Seemänner von dem Kapitän Llovet mitgerissen von der Unterordnung und der

afecto que crea el peligro afrontado en común. Avanzaron unos
Zuneigung die schafft die Gefahr getrotzte gemeinsam Rückten vor einige

arrastrando los pies, otros con saltitos de pájaro, alguno con los
schleppend die Beine andere mit Hopserchen [wie] von [einem] Vogel einige mit den

ojos muy abiertos, mostrando en las pupilas la vaguedad de la
Augen weit geöffneten zeigend in den Pupillen die Verschwommenheit von der

ceguera senil, todos temblorosos de frío, con el cuerpo forrado de
Altersblindheit alle zitternd vor Kälte mit dem Körper umhüllten mit

bayeta amarilla y la gorra calada sobre dobles pañuelos arrollados a las
Friese gelber und der Mütze durchnässten über doppelten Tüchern aufgerollten an den

la bayeta = dickes, flauschartiges Mischgewebe aus Woll- oder Baumwollgarnen

sienes.
Schläfen

Era la vieja guardia corriendo a morir junto a su ídolo. De los grupos
[Es] war die alte Wache laufend um zu sterben neben ihrem Idol Aus den Gruppen

salían mujeres y niños, que se arrojaban sobre ellos queriendo
traten heraus Frauen und Kinder die sich stürzten auf sie wollend

detenerles. — "¡Abuelo!"— gritaban los nietos. — "¡Pare!"—
zurückhalten sie Opa schrien die Enkel Halt

gemían las muchachas. Y los animosos vejetes, irguiéndose como los
seufzten die Mädchen Und die mutigen Alten aufrichtend sich wie die

rocines moribundos al oír el clarín de las batallas, repelían
alten Pferde im Sterben liegenden als [sie] hörten das Signalhorn von den Schlachten stießen zurück

los brazos que se anudaban a sus cuellos y piernas, y gritaban
die Arme die sich [hier] schlangen um ihre Hälse und Beine und schrien

contestando a la voz de su jefe: — "¡Presente, capitán! "
antwortend auf die Stimme von ihrem Chef Hier Kapitän

Los lobos de mar, con su ídolo al frente, abriéronse paso para echar
Die Seebären mit ihrem Idol an der Spitze bahnten sich [einen] Weg um zu bewegen

al mar una de las barcas. Rojos, congestionados por el esfuerzo, con
zum Meer eines von den Booten [Blut-]rot, verstopft [Blutandrang] durch die Anstrengung mit

el cuello hinchado por la rabia, sólo consiguieron mover la barca y que
dem Hals geschwollenen durch die Wut [sie] nur schafften [zu] bewegen das Boot und dass

se deslizara algunos pasos. Irritados contra su vejez, intentaron un
[es] glitte [vorwärts] einige Schritte Verärgert über ihr Alter [sie] versuchten eine

nuevo esfuerzo; pero la muchedumbre protestaba contra su locura, y
neue Anstrengung aber die Menschenmenge protestierte gegen ihre Verrücktheit und

cayó sobre ellos, desapareciendo los viejos arrebatados por sus
[sie] fiel her über sie verschwindend die Alten wütenden auf ihre

familias. — ¡Dejadme, cobardes! ¡Al que me toque, lo mato!—
Familien Lasst mich Feiglinge [--] denjenigen der mich anfasse [ich] ihn töte

rugía el capitán Llovet.
brüllte der Kapitän Llovet

Pero por primera vez aquel pueblo, que le adoraba, puso la mano en
Aber zum ersten Mal dieses Dorf das ihn vergötterte legte die Hand an
poner la mano en alguien = tätlich werden gegenüber jemandem

él. Le sujetaron como a un loco, sordos a sus súplicas, indiferentes a
ihn [Sie] ihn festhielten wie [--] einen Verrückten taub gegen sein Flehen gleichgültig gegenüber

sus maldiciones. La barca, abandonada de todo auxilio, corría a la
seinen Verwünschungen Das Boot verlassen von allem Beistand eilte in den

muerte dando tumbos sobre las olas. Ya estaba próxima a los
Tod taumelnd auf den Wellen Bereits [es] befand sich nah bei den

peñascos, ya iba a estrellarse entre torbellinos de espuma, y aquel
Felsblöcken bereits [es] war davor zu zerschellen zwischen Wirbeln von Gischt und jener
ya ..., ya = bald ..., bald

hombre que tanto había despreciado la vida del semejante, que había
Mann der so sehr hatte verachtet das Leben von dem Mitmenschen der hatte

nutrido a los tiburones con tribus enteras y que llevaba un nombre
ernährt [--] die Haie mit Stämmen ganzen und der trug einen Namen

aterrador como una leyenda lúgubre, revolvíase furioso, sujeto por
schrecklichen wie eine Legende düstere drehte hin und her sich wütend festgehalten von

cien manos, blasfemando porque no le dejaban arriesgar la existencia
hundert Händen fluchend weil [sie] nicht ihn ließen riskieren das Dasein

socorriendo a unos desconocidos, hasta que, agotadas sus fuerzas,
helfend [--] einigen Unbekannten bis erschöpft seine Kräfte

acabó llorando como un niño.
[er] endete weinend wie ein Kind

Un funcionario
Ein Beamter

Tendido de espaldas en el camastro y siguiendo con vaga mirada las
Hingelegt mit [dem] Rücken auf der Pritsche und folgend mit trägem Blick den

grietas del techo, el periodista Juan Yáñez, único huésped de la "sala
Rissen von der Decke der Journalist Juan Yáñez einziger Gast in dem Saal

de políticos", pensaba que había entrado aquella noche en el tercer
von Politikern dachte dass hatte angebrochen jene Nacht in dem dritten

mes de su encierro. Las nueve... La corneta había lanzado en el patio
Monat von seiner Haft Die neun Das Horn hatte ausgestoßen in dem Hof
las nueve horas = neun Uhr

las prolongadas notas del toque de silencio; en los corredores sonaban
die langgezogenen Noten von dem Signal von Ruhe auf den Gängen erklangen

con monótona igualdad los pasos de los vigilantes, y de las cerradas
mit monotoner Gleichmäßigkeit die Schritte von den Wärtern und von den verschlossenen

cuadras, repletas de carne humana, salía un rumor acompasado,
Schlafsälen vollgefüllt mit Menschenfleisch kam heraus ein Geräusch rhythmisches

semejante al soplo de una fragua lejana o a la respiración de un
ähnlich dem Blasen von einer Schmiede entfernten oder [--] der Atmung von einem

gigante dormido: parecía imposible que en aquel viejo convento, tan
Riesen eingeschlafenen [Es] schien unmöglich dass in diesem alten Kloster so

silencioso, cuya ruina resultaba más visible a la cruda luz del
still dessen Ruin war mehr sichtbar in dem [hier] weißgelben Licht vom

gas, durmiesen mil hombres.
Gas schliefen tausend Männer

El pobre Yáñez, obligado a acostarse a las nueve, con una perpetua
Der arme Yáñez musste zu Bett gehen um [--] neun mit einem ständigen

luz ante los ojos y sumido en un silencio aplastante que hacía creer en
Licht vor den Augen und versunken in eine Stille erdrückende die [einen] ließ glauben an

la posibilidad del mundo muerto, pensaba en lo duramente que iba
die Möglichkeit von der Welt toten [er] dachte an das Harte was mit der

saldando su cuenta con las instituciones. ¡Maldito artículo! Cada línea
Zeit beglich seine Rechnung mit den Anstalten Verfluchter Artikel Jede Zeile

iba a costarle una semana de encierro; cada palabra un día. Y Yáñez,
sollte kosten ihn eine Woche [--] Haft jedes Wort einen Tag Und Yáñez

recordando que aquella noche comenzaba la temporada de ópera con
sich erinnernd dass [in] dieser Nacht begann die Opernsaison mit

"Lohengrin", su ópera predilecta, veía los palcos cargados de
Lohengrin seiner Lieblingsoper sah die Logen voll mit

hombros desnudos y nucas adorables, entre destellos de pedrería,
Schultern nackten und Nacken entzückenden zwischen Glitzern von Edelsteinen

reflejos de sedas y airoso ondear de rizadas plumas.
Widerspiegelungen von Seide und anmutigem Flattern von gekräuselten Federn

— Las nueve... Ahora habrá salido el cisne, y el hijo de Parsifal
Neun Uhr Jetzt wird herausgekommen sein der Schwan und der Sohn von Parzival

lanzará sus primeras notas entre los siseos de expectación del
[hier] singen wird seine ersten Noten zwischen dem Zischen von Erwartung von dem

público... ¡Y yo aquí! ¡Cristo! No tengo mala ópera... Sí; no era
Publikum Und ich hier Herrgott [nochmal] [Ich] nicht habe [eine] schlechte Oper Ja [sie] nicht war

mala. Del calabozo de abajo, como si provinieran de un subterráneo,
schlecht Von der Arrestzelle von unten als ob [sie] stammten von einer U-Bahn

llegaban los ruidos con que delataba su existencia un bruto de la
kamen die Geräusche mit denen verriet sein Dasein ein Rohling aus den

montaña, a quien iban a ejecutar de un momento a otro por un
Bergen [--] den [sie] würden hinrichten von einem Moment auf [den] anderen wegen einer

de un momento a otro = jeden Augenblick

24

sinnúmero de asesinatos. Era un   chocar   de cadenas que parecía
Unzahl von Morden [Es] war ein Gegeneinanderschlagen von Ketten das wirkte wie

el ruido de un montón de clavos y llaves viejas, y de vez en cuando una
der Lärm von einem Haufen von Nägeln und Schlüsseln alten und   ab und zu   eine

voz débil repitiendo: «Pa... dre nuestro que es... tás en los cielos...
Stimme schwache wiederholend Va... ter unser der [du] bi... st in dem Himmel...

San... ta María...» con la expresión tímida y suplicante del niño que
Hei... lige Maria   mit dem Ausdruck zaghaften und flehenden von dem Kind das

se duerme en brazos de su madre.
einschläft in [den] Armen von seiner Mutter

¡Siempre repitiendo la monótona cantinela, sin que pudieran hacerle
Immer wiederholend die monotone Leier ohne dass [sie] könnten bringen ihn

callar! Según opinión de los más, quería con esto fingirse
[zum] Schweigen Nach Meinung von den meisten [er] wollte mit dem vorgeben [zu sein]

loco para salvar el cuello: tal vez catorce meses de aislamiento en un
verrückt um zu retten den Hals: Vielleicht vierzehn Monate von Isolation in einer

salvar el cuello = mit heiler Haut davonkommen

calabozo, esperando a todas horas la muerte, habían acabado con su
Arrestzelle erwartend jederzeit den Tod hatten zunichte gemacht seinen

escaso seso de   fiera instintiva. Estaba Yáñez maldiciendo la
spärlichen Verstand von [einer] Bestie triebhaften Befand sich Yáñez verfluchend die

estar + gerundio = gerade etwas tun

injusticia de los hombres, que por unas cuantas cuartillas
Ungerechtigkeit von den Menschen die wegen ein paar Viertelblättern

emborronadas en un momento de mal humor le obligaban a dormirse
bekleksten in einem Moment von schlechter Laune ihn zwangen zu einschlafen

todas las noches arrullado por el delirio de un condenado a muerte,
jede Nacht eingelullt von dem Delirium von einem Verurteilten zu Tode

el condenado a muerte = der Todeskandidat

cuando oyó fuertes voces y pasos apresurados en el mismo piso donde
als [er] hörte laute Stimmen und Schritte hastige auf dem gleichen Geschoss wo

estaba su departamento.
sich befand sein Raum

— No; no   dormiré ahí— gritaba una voz trémula y penetrante—
Nein nicht [ich] schlafen werde da schrie eine Stimme bebende und durchdringende

¿Soy acaso algún criminal? Soy un funcionario de Gracia y Justicia, lo
Bin [ich] vielleicht irgendein Verbrecher [Ich] bin ein Beamter von [der] Gnade und [der] Justiz das

mismo que ustedes... y con treinta años de servicios. Que pregunten
Gleiche wie Sie und mit dreißig Dienstjahren [--] fragen [Sie]

por Nicomedes: todo el mundo me conoce; hasta los periódicos han
nach Nicomedes: Ganze die Welt mich kennt sogar die Zeitungen haben

todo el mundo = jedermann

hablado de mí. Y después de alojarme en la cárcel, ¿aún quieren
gesprochen von mir Und nachdem [Sie] unterbringen mich in dem Gefängnis noch [Sie] wollen

hacerme dormir en un desván que ni para los presos sirve? Muchas
[dass] [ich] schlafe auf einem Dachboden der nicht einmal für die Gefangenen taugt Vielen

gracias. ¿Para esto me ordenan venir?... Estoy enfermo y no duermo
Dank Hierfür [Sie] mir befehlen [zu] kommen [Ich] bin krank und nicht schlafe

ahí. Qué me traigan un médico; necesito un médico...
da Auf dass [Sie] mir bringen einen Arzt [ich] brauche einen Arzt

Y el periodista, a pesar de su situación, reíase regocijado por la
Und der Journalist trotz seiner Situation lachte fröhlich wegen dem

entonación afeminada y ridícula con que el de los treinta años de
Tonfall weibischen und lächerlichen mit der der mit den dreißig Dienstjahren

servicios pedía el médico. Repitiose el murmullo de voces: discutían
bat [um] den Arzt Wiederholte sich das Gemurmel von Stimmen: [Sie] diskutierten

como si formasen Consejo, oyéronse pasos, cada vez más cercanos, y
als ob [sie] bildeten [den] Rat hörte man Schritte immer mehr nahe und

se abrió la puerta de la "sala de políticos", asomando por ella una
wurde geöffnet die Tür von dem Saal von Politikern sichtbar werdend hinter ihr eine

gorra con galón de oro. — Don Juan— dijo el empleado con cierta
Mütze mit Goldlitze Don Juan sagte der [hier] Beamte mit [einer] gewissen

Don = in Verbindung mit dem Vornamen gebrauchte spanische Anrede für Herr/Frau

cortedad— , esta noche tendrá usted compañía... Dispense usted, no
Schüchternheit diese Nacht haben werden Sie Gesellschaft Verzeihen Sie nicht

es mía la culpa; la necesidad... En fin, mañana ya dispondrá el jefe
ist meine die Schuld die Not Kurz und gut morgen bereits anordnen wird der Chef

otra cosa. Pase usted... "señor".
[eine] andere Sache Gehen durch Sie [mein] Herr

otra cosa = etwas anderes

Y el "señor" (así, con entonación irónica) pasó la puerta, seguido de
Und der Herr so mit Tonfall ironischem ging durch die Tür gefolgt von

dos presos; uno con una maleta y un lío de mantas y bastones; otro
zwei Gefangenen einer mit einem Koffer und einem Bündel von Decken und Stäben [der] andere

con un saco cuya lona marcaba las aristas de una caja ancha y de poca
mit einem Sack dessen Leinwand markierte die Kanten von einer Kiste breiten und von wenig

altura. — Buenas noches, caballero. Saludaba con humildad, con
Höhe Gute Nacht [mein] Herr [Er] grüßte mit Demut mit

aquella voz trémula que hizo reír a Yáñez, y al quitarse el sombrero
dieser Stimme bebenden die ließ lachen [--] Yáñez und als [er] abnahm sich den Hut

descubrió una cabeza pequeña, cana y cuidadosamente rapada.
[er] entdeckte einen Kopf kleinen weiße Haare und sorgfältig ganz kurz geschnittene

Era un cincuentón obeso, coloradote; la capa parecía caerse de sus
[Er] war ein Fünfzigjähriger fettleibiger mit rotem Kopf der Umhang schien [zu] fallen von seinen

hombros, y un mazo de dijes colgando de una gruesa cadena de oro
Schultern und ein Bündel von Anhängern hängend an einer dicken Kette aus Gold

repiqueteaba sobre su vientre al   menor movimiento. Sus ojos
läutete   über seinem Bauch bei der geringsten Bewegung   Seine Augen

pequeños tenían los   reflejos   azulados del acero, y la boca aparecía
kleinen   hatten die Widerspiegelungen bläulichen von dem Stahl und der Mund   erschien

oprimida por unos bigotillos curvos y caídos como dos
eingeengt von einem Schnurrbart gebogenen und hängenden wie zwei

signos de interrogación.
Fragezeichen

— Usted dispense— dijo sentándose— Voy a molestarle mucho;
Sie   verzeihen [er] sagte setzend sich [Ich] werde   stören Sie   sehr

pero   no es por culpa mía.   He llegado en el tren de esta noche, y
aber [das] nicht ist wegen Schuld meiner [Ich] habe angekommen mit dem Zug von dieser Nacht und

me encuentro con que me   dan para dormitorio un desván lleno de
finde vor   dass mir [sie] geben als   Schlafraum einen Dachboden voll mit

ratas.¡Vaya un viaje! — ¿Es usted preso? — En este momento, sí—
Ratten So eine Reise   Sind Sie Gefangener   In diesem Moment   ja [er]

dijo sonriendo— ; pero no le molestaré mucho con mi presencia. Y el
sagte lächelnd   aber nicht Sie [ich] stören werde sehr   mit meiner Anwesenheit Und der

panzudo burgués se mostraba obsequioso, humilde, como si pidiera
dickbäuchige Bürger sich zeigte   zuvorkommend demütig   als ob [er] bitte [um]

perdón por haber usurpado su puesto en la cárcel. Yáñez le miraba
Verzeihung dafür [zu] haben an sich gerissen seinen Platz in dem Gefängnis Yáñez ihn blickte an

fijamente: tanta timidez le asombraba. ¿Quién sería aquel sujeto? Y
fest: So viel Schüchternheit ihn   erstaunte   Wer sein würde diese Person Und

por su imaginación danzaban ideas sueltas, apenas esbozadas, que
durch seine Fantasie   tanzten   Ideen lose   kaum umrissene   die

parecían buscarse y perseguirse para completar un pensamiento.
schienen [zu] suchen sich und verfolgen sich um zu vervollständigen einen Gedanken

De pronto, al sonar a lo lejos otra vez el quejumbroso "padrenuestro"
Plötzlich   als erklang in der Ferne   wieder das   klägliche   Vaterunser

de la fiera encerrada, el periodista se incorporó nerviosamente, como
von der Bestie eingeschlossenen der Journalist sich aufrichtete   nervös   als

si acabase de atrapar la idea fugitiva, fijando su vista en aquel saco
ob [er] aufhörte zu einfangen die Idee flüchtige heftend seinen Blick auf jenen Sack

acabar de hacer algo = soeben etwas getan haben

que estaba a los pies del recién llegado. — ¿Qué lleva usted ahí?...
der sich befand zu den Füßen von dem Neuankömmling   Was haben Sie da

llevar = tragen

¿Es   la caja de "las herramientas"? El hombre pareció dudar, pero
Ist [das] der   Werkzeugkasten   Der Mann   schien unschlüssig aber

al fin se   le impuso la enérgica expresión interrogativa, e inclinó
am Ende sich [bei] ihm setzte durch der energische   Ausdruck   fragende   und [er] neigte

al fin = schließlich, endlich

27

la cabeza afirmativamente.
den Kopf bejahend

Después el silencio se hizo largo y penoso. Unos presos colocaban la
Danach das Schweigen wurde lang und peinlich Einige Gefangene stellten das

cama de aquel hombre en un rincón de la sala. Yáñez contemplaba
Bett von jenem Mann in eine Ecke von dem Saal Yáñez betrachtete

fijamente a su compañero de hospedaje, que permanecía con la
fest [--] seinen Kameraden von [der] Unterkunft der blieb mit dem

cabeza baja, como rehuyendo sus miradas. Cuando la cama quedó
Kopf unten wie ausweichend seinen Blicken Als das Bett war

hecha y los presos se retiraron, cerrando el empleado la puerta con el
gemacht und die Gefangenen sich zurückzogen schließend der Beamte die Tür mit dem

cerrojo exterior, continuó el penoso silencio.
Riegel äußeren setzte sich fort das peinliche Schweigen

Por fin, aquel sujeto hizo un esfuerzo y habló: — Voy a dar a
Schließlich diese Person überwand sich und redete: [Ich] werde verursachen [--]

usted una mala noche; pero no es mía la culpa: "ellos" me han traído
Ihnen eine schlechte Nacht aber nicht ist meine die Schuld: Sie mich haben gebracht

aquí. Yo me resistía, sabiendo que es usted una persona decente que
hierher Ich mich sträubte wissend dass sind Sie eine Person anständige die

sentirá mi presencia como lo peor que haya podido ocurrirle en esta
verspüren wird meine Anwesenheit wie das Schlimmste das habe können geschehen ihr in diesem

casa. El joven se sintió desarmado por tanta humildad. — No, señor;
Haus Der junge Mann sich fühlte entwaffnet durch so viel Demut Nein [mein] Herr

yo estoy acostumbrado a todo— dijo con ironía— . ¡Se hacen en
ich bin gewöhnt an alles [er] sagte mit Ironie Werden gemacht in

esta casa tan buenas amistades, que una más nada importa! Además,
diesem Haus so gute Freundschaften dass eine mehr nichts macht Außerdem

usted no parece mala persona. Y el periodista, que aún no se
Sie nicht scheinen [zu sein eine] schlechte Person Und der Journalist der noch nicht sich

había limpiado de sus primeras lecturas románticas, encontraba muy
hatte reingewaschen von seinen ersten Lektüren romantischen fand sehr

original aquella entrevista y hasta sentía cierta satisfacción.
originell dieses Interview und sogar fühlte [eine] gewisse Zufriedenheit

— Yo vivo en Barcelona— continuó el viejo— , pero mi compañero
Ich lebe in Barcelona fuhr fort der Alte aber mein Kollege

de este distrito murió hace poco de la última borrachera, y ayer,
aus diesem Bezirk starb vor kurzem an dem letzten Rausch und gestern
el distrito judicial = der Gerichtsbezirk

al presentarme en la Audiencia, me dijo un alguacil: «Nicomedes...»
beim Vorstellen mich in dem Gericht mir sagte ein Gerichtsdiener Nicomedes
la Audiencia Provincial = das Landesgericht

Porque yo soy Nicomedes Terruño. ¿No ha oído usted hablar de mí?...
Weil ich bin Nicomedes Terruño Nicht haben gehört Sie reden von mir

Es extraño; la prensa ha publicado muchas veces mi nombre.
[Es] ist sonderbar die Presse hat veröffentlicht viele Male meinen Namen
muchas veces = oft

«Nicomedes, de orden del señor presidente que tomes el tren de esta
Nicomedes auf Befehl von dem Herrn Präsidenten sollst [du] nehmen den Zug von dieser

noche.» Vengo con el propósito de meterme en una fonda hasta el día
Nacht [Ich] komme in der Absicht zu gehen in einen Gasthof bis zu dem Tag

del trabajo, y desde la estación me traen aquí, por no sé qué
der Arbeit und von dem Bahnhof [sie] mich bringen hierher wegen [ich] nicht weiß was [für]

miedos y precauciones; y para mayor escarnio, me quieren alojar don
Ängsten und Vorkehrungen und zu größerem Hohn [sie] mich wollen unterbringen bei

las ratas. ¿Ha visto usted? ¿Es esto manera de tratar a los funcionarios
den Ratten Haben gesehen Sie Ist das [eine] Art zu behandeln [--] die Beamten

de justicia?
von [der] Justiz

— ¿Y lleva usted muchos años desempeñando el cargo? — Treinta
Und haben Sie viele Jahre ausübend das Amt Dreißig
llevar + gerundio = schon seit ... tun

años, caballero: comencé en tiempos de Isabel II. Soy el decano de la
Jahre [mein] Herr: [Ich] begann zu Zeiten von Isabella II. [Ich] bin der Älteste aus der

clase y cuento en mi lista hasta condenados políticos. Tengo el orgullo
Gruppe und zähle auf meiner Liste sogar verurteilte Politiker [Ich] habe den Stolz

de haber cumplido siempre mi deber. El de ahora será el ciento dos.
auf [zu] haben erfüllt immer meine Pflicht Der von jetzt sein wird der Hundertzweite

Son muchos, ¿verdad? Pues con todos me he portado lo mejor que he
[Das] sind viele nicht wahr Aber bei allen [ich] mich habe verhalten so gut wie [ich] habe

podido. Ninguno se habrá quejado de mí. Hasta los ha habido
gekonnt Keiner sich haben wird beschwert über mich Sogar [es] diejenigen hat gegeben

veteranos del presidio, que, al verme en el último momento, se
Altgedienten vom Gefängnis die als [sie] sahen mich in dem letzten Augenblick sich

tranquilizaban y decían: «Nicomedes, me satisface que seas tú.»
beruhigten und sagten Nicomedes mich stellt zufrieden dass [es] seist du

El "funcionario" iba animándose en vista de la atención benévola
Der Beamte allmählich fasste Mut in Anbetracht von der Aufmerksamkeit wohlwollenden

y curiosa que le prestaba Yáñez. Iba tomando tierra: cada vez hablaba
und neugierigen die ihm lieh Yáñez [Er] allmählich nahm Land: [Er] immer sprach
tomar tierra = landen

con más desembarazo. — Tengo también mi poquito de inventor—
mit mehr Zwanglosigkeit [Ich] habe auch mein bisschen von [einem] Erfinder

continuó— . Los aparatos los fabrico yo mismo, y en cuanto a
[er] fuhr fort Die Geräte die fertige ich selbst und bezüglich

29

limpieza no hay más que pedir... ¿Quiere usted verlos? El periodista
Reinigung nicht [es] gibt mehr zu bitten Wollen Sie sehen sie Der Journalist

> no hay más que pedir = was will man mehr ! ?

saltó de la cama como dispuesto a huir. — No; muchas gracias. Lo
sprang aus dem Bett wie bereit zu fliehen Nein vielen Dank [Ich] es

creo. Y miraba con repugnancia aquellas manos, cuyas palmas eran
glaube Und [er] blickte an mit Abneigung diese Hände deren Teller waren

rojizas y grasientas. Restos tal vez de la limpieza reciente de que
rötlich und fettig Reste vielleicht von der Reinigung jüngsten von der

hablaba; pero a Yáñez le parecían impregnadas de grasa humana,
[er] sprach aber [--] Yáñez [--] [sie] schienen getränkt in Fett menschlichem

del zumo de aquel centenar que formaba "su lista".
von dem Saft von jenen Hundert die bildeten seine Liste

— ¿Y está usted satisfecho de la profesión?— preguntó para hacerle
Und sind Sie zufrieden mit dem Beruf [er] fragte um zu lassen ihn

olvidar el deseo de lucir sus invenciones. — ¡Qué remedio!... Hay
vergessen den Wunsch zu zur Schau stellen seine Erfindungen Was [für eine] Abhilfe [Man] muss

> ¡Qué remedio! = Was soll man sonst tun ! ?

que conformarse. Mi único consuelo es que cada vez se trabaja
zufriedengeben sich Mein einziger Trost ist dass jedes Mal wird gearbeitet

> cada vez menos = immer weniger

menos.¡Pero cuán duro es este pan! ¡Si lo hubiera sabido!... Y quedó
weniger Aber wie hart ist dieses Brot Wenn das [ich] hätte gewusst Und [er] war

silencioso mirando al suelo. — ¡Todos contra mí!— continuó— . Yo
still blickend auf den Boden Alle gegen mich [er] fuhr fort Ich

he visto muchas comedias, ¿sabe usted? He visto que ciertos reyes
habe gesehen viele Komödien wissen Sie [Ich] habe gesehen dass gewisse Könige

antiguos iban a todas partes llevando detrás al ejecutor de su
alte gingen überallhin führend hinterher den Scharfrichter von ihrer

justicia, vestido de rojo, con el hacha al cuello, y hacían de él su
Justiz gekleidet in Rot mit dem Beil an dem Hals und [sie] machten aus ihm ihren

amigo y consejero. ¡Aquello era lógico! El encargado de cumplir la
Freund und Berater Das war logisch Der Beauftragte zu vollziehen die

justicia me parece que es alguien y alguna consideración merece.
Justiz mir scheint dass [das] ist jemand und [er] irgendeine Achtung verdient

Pero en estos tiempos todo son hipocresías. Grita el fiscal pidiendo
Aber in diesen Zeiten alles ist Heuchelei Schreit der Staatsanwalt verlangend

una cabeza en nombre de no sé cuántas cosas respetables, y a todos
einen Kopf im Namen von [ich] nicht weiß wie vielen Sachen beachtlichen und [--] allen

les parece bien; llego yo después cumpliendo sus órdenes, y me
[--] [es] erscheint gut komme ich danach ausführend ihre Befehle und [sie] mir

escupen y me insultan. Diga, señor, ¿es esto justo?... Si entro
entziehen sich und mich beleidigen Sagen [Sie] [mein] Herr ist das gerecht Wenn [ich] hineingehe

en una fonda, me ponen en la puerta apenas me conocen; en la calle
in einen Gasthof [sie] mich stellen in die Tür sobald [sie] mich kennen auf der Straße

| poner a alguien en la puerta = jemanden vor die Tür setzen |

todos rehuyen mi contacto, y hasta en la Audiencia me tiran el sueldo
alle weichen aus meinem Kontakt und sogar in dem Gericht [sie] mir ziehen die Besoldung

a los pies, como si yo no fuese un funcionario lo mismo que ellos,
zu den Füßen als ob ich nicht wäre ein Beamter genauso wie sie

como si mi dinero no figurase en el presupuesto... ¡Todos contra mí!
als ob mein Geld nicht erschiene in dem Budget Alle gegen mich

Y después— añadió con voz apenas perceptible— , los otros
Und dann [er] fügte hinzu mit [einer] Stimme kaum wahrnehmbaren die anderen

enemigos... ¡Los otros! ¿Sabe usted? Los que se fueron para no
Feinde Die anderen Wissen Sie Diejenigen die fortgingen um zu nicht

volver, y sin embargo, vuelven; ese centenar de infelices a los que
zurückkehren und dennoch [sie] kehren zurück diese Hundert [--] Unglücklichen [--] diejenigen die

traté con mimos de padre, haciéndoles el menor daño
[ich] behandelte mit [der] Zärtlichkeit von [einem] Vater zufügend ihnen den geringsten Schaden

posible y que...¡ingratos! vienen a mí apenas me ven solo.
möglichen und die Undankbaren kommen zu mir sobald [sie] mich sehen allein

— ¡Qué!... ¿Vuelven? — Todas las noches. Los hay que me molestan
Was [Sie] kehren zurück Jede Nacht [Es] diejenigen gibt die mich belästigen

poco: los últimos, apenas; me parecen amigos de los que me
wenig die letzten kaum mir [sie] scheinen zu sein Freunde von denen [ich] mich

despedí ayer; pero los antiguos, los de mi primera época, cuando aún
verabschiedete gestern aber die alten die aus meiner ersten Zeit als [ich] noch

me emocionaba y me sentía torpe, esos son verdaderos demonios, que,
aufgeregt war und mich fühlte ungeschickt diese sind wahre Dämonen die

apenas me ven solo en la oscuridad, desfilan sobre mi pecho en
sobald [sie] mich sehen allein in der Dunkelheit [sie] marschieren auf auf meiner Brust in

interminable procesión, me oprimen, me asfixian, rozándome los ojos
endloser Prozession [sie] mich beklemmen mich ersticken streifend mir die Augen

con el borde de sus hopas. Me siguen a todas partes,
mit dem Saum von ihren knöchellangen Gewändern [Sie] mir folgen überallhin

| la hopa = Kleidungsstück, ähnlich einem Hemdkleid oder Priestergewand |

y así como me hago viejo son más asiduos.
und sowie [ich] werde alt [sie] sind mehr ausdauernd

Cuando me metieron en el desván comencé a verles asomar por los
Als [sie] mich steckten auf den Dachboden [ich] begann zu sehen sie sichtbar werden in den

31

rincones más oscuros. Por eso pedía un médico: estaba enfermo; tenía
Ecken am meisten dunklen Wegen dem [ich] bat [um] einen Arzt: [Ich] war krank hatte
por eso = deshalb

miedo a la noche; quería luz, compañía. — ¿Y siempre está usted
Angst vor der Nacht [ich] wollte Licht Gesellschaft Und immer sind Sie

solo? — No; tengo familia allá en mi casita de las afueras de
allein Nein [ich] habe Familie dort in meinem Häuschen an dem Stadtrand von

Barcelona; una familia que no da disgustos: un perro, tres gatos y
Barcelona eine Familie die nicht gibt Ärger ein Hund drei Katzen und
dar un disgusto = Kummer bereiten

ocho gallinas. No entienden a las personas y por eso me respetan, me
acht Hennen [Sie] nicht verstehen [--] die Personen und deshalb [sie] mich respektieren mich

quieren como si yo fuera un hombre igual a los demás. Envejecen
mögen als ob ich wäre ein Mensch gleich wie die Übrigen [Sie] werden alt

tranquilamente a mi lado. Nunca se me ha ocurrido matar una gallina:
ruhig an meiner Seite Nie sich mir hat eingefallen [zu] töten eine Henne:

me desmayo viendo correr la sangre.
[Ich] werde ohnmächtig sehend fließen das Blut

Y decía esto con la misma voz quejumbrosa de antes, débil,
Und [er] sagte das mit der gleichen Stimme kläglichen von vorher schwach

anonadado, como si sintiera el lento desplome de su interior. — ¿Y
entmutigt als ob [er] fühlte den langsamen Zusammenbruch von seinem Inneren Und

nunca tuvo usted familia? — ¿Yo?... ¡Como todo el mundo! A usted
nie hatten Sie Familie Ich Wie jedermann [--] Ihnen [ich]

se lo cuento todo, caballero. ¡Hace tanto tiempo que no hablo!... Mi
[--] es erzähle alles [mein] Herr Macht so viel Zeit dass [ich] [--] geredet habe Meine
hace tanto tiempo = es ist so lange her

mujer murió hace seis años. No crea usted que era una de esas
Frau starb vor sechs Jahren [Nur] nicht glauben Sie dass [sie] war eine von diesen

mujerzuelas borrachas y embrutecidas, que es el papel que en las
Flittchen betrunkenen und abgestumpften was ist die Rolle die in den

novelas se reserva siempre a la hembra del verdugo. Era una moza de
Romanen wird reserviert immer für die Frau vom Henker [Sie] war ein Mädchen aus

mi pueblo, con la que casé al volver del servicio. Tuvimos
meinem Dorf [--] die [ich] heiratete als [ich] zurückkehrte vom Wehrdienst [Wir] hatten
tener un niño = ein Kind bekommen

un hijo y una hija; pan poco, miseria mucha, y ¿qué quiere usted? la
einen Sohn und eine Tochter Brot wenig Elend viel und was wollen Sie die
¿qué quiere usted que haga? = was soll ich denn tun?

juventud y cierta brutalidad de carácter me llevaron al oficio.
Jugendlichkeit und [eine] gewisse Brutalität von [dem] Charakter mich führten zu dem Beruf

No crea que conseguí fácilmente el puesto: hasta necesité
[Nur] nicht glauben [Sie] dass [ich] erlangte einfach die Stelle: [Ich] sogar brauchte

32

influencias. Al principio hacíame gracia el odio de la gente: me sentía
Einflüsse An dem Anfang   mich amüsierte   der Hass von den Leuten: [Ich] mich fühlte
tener influencia con alguien = gute Beziehungen zu jdm. haben

orgulloso con inspirar terror y repugnancia. Presté mis servicios en
stolz darauf ein[zu]flößen Schrecken und Abneigung   [Ich] leistete meine Dienste   in

muchas Audiencias, rodamos por media España, y los chicos cada vez
vielen   Gerichten [wir] fuhren durch halb Spanien und die Burschen   immer

más hermosos; hasta que por fin caímos en Barcelona. ¡Qué   gran
mehr prächtig   bis   schließlich [wir] einfielen in Barcelona Was [für eine] großartige

época! La mejor de mi vida: en cinco o seis años no hubo trabajo. Mis
Zeit Die beste von meinem Leben: In fünf oder sechs Jahren nicht [es] gab Arbeit Meine

ahorros se convirtieron en una casita en las afueras, y los vecinos
Ersparnisse sich verwandelten   in ein Häuschen an dem Stadtrand und die Nachbarn

apreciaban a don Nicomedes, un señor simpático empleado en la
schätzten [--] Don   Nicomedes   einen Herrn sympathischen beschäftigten in dem

Audiencia.
Gericht

El chico, un ángel de Dios, trabajador, modosito y callado, estaba en
Der Junge ein Engel von Gott   fleißig   artig und ruhig [er] war in
ser modoso = gute Manieren haben

una casa de comercio; la niña— ¡cuánto   siento no tener aquí su
einem   Handelshaus   das Mädchen wie sehr [ich] bedauere nicht [zu] haben hier ihr

retrato!— la niña, que era un   serafín, con unos   ojazos azules y
Porträt   das Mädchen das war ein engelschönes Wesen mit [--] Wahnsinns-Augen blauen und

una trenza rubia, gruesa como mi brazo, y que cuando correteaba por
einem Zopf blonden   dick   wie mein Arm und die   wenn [sie] herumtollte in

nuestro huertecillo parecía una de esas señoritas que salen en las
unserem Kleingarten   wirkte wie eine von diesen jungen Damen die erscheinen in den

óperas, no iba a Barcelona con su madre sin que algún joven viniera
Opern [sie] nicht ging nach Barcelona mit ihrer Mutter ohne dass irgendein junger Mann käme

tras sus pasos. Tuvo un novio formal: un buen muchacho que pronto
hinter ihren Schritten [Sie] hatte einen Freund festen   ein guter   Junge   der   bald

iba a ser médico. Cosas de ella y su madre: yo fingía no ver nada, con
wurde   Arzt Angelegenheiten von ihr und ihrer Mutter: Ich gab vor [zu] [--] sehen nichts mit

esa bondadosa ceguera de los padres que se reservan para el último
dieser gütigen   Blindheit von den Vätern die sich zurückhalten für den letzten

momento. ¡Pero Señor, cuán felices éramos!
Moment   Aber [mein] Herr wie glücklich [wir] waren

La voz de Nicomedes era cada vez más temblorosa; sus ojillos azules
Die Stimme von Nicomedes war   immer mehr   zittrig   seine Äuglein blauen

estaban empañados. No lloraba, pero su grotesca obesidad agitábase
waren   trüb   [Er] nicht weinte aber seine groteske Fettleibigkeit wurde geschüttelt

33

con los estremecimientos del niño que hace esfuerzos para   tragarse
mit der   Erschütterung   von dem Kind das macht Anstrengungen um zu hinunterschlucken

las lágrimas.
die   Tränen

— Pero se le ocurrió a un desalmado de larga historia   dejarse coger;
Aber sich ihm fiel ein [--] einem Unmenschen mit langer Geschichte [zu] lassen sich fassen

lo sentenciaron a muerte y hube de entrar en funciones cuando ya casi
[sie] ihn verurteilten zu [dem] Tode und [ich] musste   antreten den Dienst   als [ich] schon fast

había olvidado cuál era mi oficio. ¡Qué   día aquél! Media ciudad me
hatte   vergessen welcher war mein Beruf Was [für ein] Tag [war] jener [Die] halbe Stadt mich

conoció viéndome sobre el tablado, y hasta hubo periodistas que,
kannte sehend mich   auf der Bühne und sogar [es] gab Journalisten die

como son peor que una epidemia (usted dispense), averiguaron mi
da [sie] sind schlechter als eine Epidemie Sie verzeihen   erforschten mein

vida, presentándonos en letras de molde a mí y a mi familia, como si
Leben   zeigend uns   in   Druckschrift [--] mich und [--] meine Familie als ob

letra de molde = Fettdruck

fuéramos bichos raros, y afirmando con admiración que teníamos
[wir] wären Tiere seltene und bejahend mit Verwunderung dass [wir] hatten [das]

facha de personas decentes. Nos pusieron en moda. ¡Pero qué
Aussehen von Personen anständigen [Sie] uns [hier] brachten in Mode Aber was [für eine]

ponerse de moda = in Mode kommen

moda! Los vecinos cerraban puertas y ventanas al verme,   y aunque la
Mode Die Nachbarn schlossen   Türen und Fenster wenn [sie] sahen mich und obwohl die

ciudad es grande, siempre me conocían en las calles y me insultaban.
Stadt ist groß   immer [sie] mich erkannten auf den Straßen und mich beleidigten

Un día,   al entrar   en casa, me recibió mi mujer como una loca. ¡La
Eines Tages als [ich] hineinging in [das] Haus mich empfing meine Frau   wie eine Verrückte Das

niña! ¡La niña!... La vi en la cama, con el rostro desencajado,
Mädchen Das Mädchen [Ich] sie sah auf dem Bett mit dem Gesicht   vezerrten

verdoso, ¡ella tan bonita! y la lengua manchada de blanco. Estaba
grünlichen sie [war] so hübsch und die Zunge fleckig von weiß [Sie] war

envenenada, envenenada con fósforos, y había sufrido atroces dolores
vergiftet   vergiftet   mit Streichhölzern und hatte erlitten höllische Schmerzen

durante horas enteras, callando para que el remedio llegase tarde... ¡y
während Stunden ganzer schweigend damit das Gegenmittel käme [zu] spät und

una hora entera = eine volle Stunde

llegó!   Al día siguiente   ya no vivía. La pobrecita tuvo valor.
[es] kam [zu spät]. An dem Tag folgenden [sie] nicht mehr lebte Die arme Kleine hatte Mut [Sie]

Amaba con toda su alma al mediquín, y yo mismo leí la carta en la que
liebte mit ganzen ihrer Seele [--] das Doktorchen und ich selbst las den Brief in dem

con toda el alma = von ganzem Herzen

el muchacho se despedía para siempre por   saber   de quién   era
der   Junge   sich verabschiedete für   immer [hier] da [er] erfahren [hatte] von wem [sie] war [die]

hija.   No la lloré. ¿Tenía acaso tiempo?
Tochter [Ich] nicht sie beweinte Hatte [ich] vielleicht Zeit

El mundo se nos venía encima; la desgracia soplaba por todos lados;
Die   Welt   sich uns   kam   darüber   das   Unheil   wehte   von   allen   Seiten

se nos venir encima = uns auf den Kopf fallen

aquel hogar tranquilo que nos habíamos fabricado se desplomaba por
dieses Heim   ruhige   das [wir] uns   hatten   erbaut   stürzte ein   an

sus cuatro ángulos. Mi hijo... también a mi hijo   lo arrojaron de la
seinen vier   Winkeln   Mein Sohn   auch   [--] meinen Sohn [sie] [--]   warfen   aus dem

casa de comercio, y   fue inútil   buscar   nueva colocación ni   apoyo
Handelshaus   und [es] war zwecklos [zu] suchen [eine] neue   Anstellung   und Unterstützung

en sus amigos. ¿Quién cruza la palabra con el hijo del verdugo?
bei seinen Freunden   Wer   kreuzte das   Wort   mit dem Sohn   vom   Henker

cruzar la palabra = Worte wechseln

¡Pobrecito! ¡Como si a él le hubieran dado a escoger el padre antes de
Armer Junge   Als ob [sie] [--] [--] ihn   hätten   lassen   aussuchen den Vater   vor [dem]

venir al mundo! ¿Qué   culpa tenía él, tan bueno, de que yo le hubiese
kommen auf die Welt Was [für eine] Schuld hatte er   so   gut   [--] dass ich ihn   hatte

engendrado? Pasaba todo el día en casa, huyendo de la gente, en un
gezeugt   [Er] verbrachte ganzen den Tag in [dem] Haus fliehend   vor den Leuten   in einer

rincón del huertecillo, triste y descuidado desde la muerte de la   niña.
Ecke von dem Kleingarten   traurig und   ungepflegt   seit dem   Tod   von dem Mädchen

«¿En qué piensas, Antonio?», le preguntaba. «Papá, pienso en Anita.»
An was [du] denkst   Antonio [ich] ihn   fragte   Papa [ich] denke an Anita

¿en qué piensas? = was geht (nur) in dir vor?

El pobre me engañaba. Pensaba en él, en lo cruelmente que nos
Der Arme mich   täuschte [Er] dachte   an ihn daran   grausam   wie [wir] uns

habíamos equivocado, creyéndonos por una temporada iguales a los
hatten   geirrt   haltend uns   für eine   Zeit   gleich [--] den

demás, y cometiendo la insolencia de querer ser felices. El batacazo
Übrigen und   begehend   die Unverschämtheit zu wollen sein glücklich Der   Fall

era terrible: imposible levantarse. Antonio desapareció. — ¿Y nada ha
war schrecklich   unmöglich   auf[zu]stehen   Antonio   verschwand   Und nichts haben

sabido usted de su hijo?— dijo Yáñez, interesado por la lúgubre
erfahren Sie von Ihrem Sohn   sagte Yáñez   interessiert an   der düsteren

historia. — Sí; a los cuatro días. Lo pescaron frente a Barcelona;
Geschichte   Doch nach [--]   vier   Tagen [Sie] ihn fischten [heraus] vor   Barcelona

salió   envuelto en redes, hinchado y descompuesto... Usted ya
[er] kam heraus eingewickelt in   Netze   aufgedunsen und   verwest   Sie   ja

35

adivinará lo demás.
erraten werden das Übrige

La pobre vieja se fue poco a poco, como si los chicos tirasen de ella
Die arme Alte entschwand nach und nach als ob die Burschen zögen an ihr

desde arriba; y yo, el malo, el empedernido, me he quedado aquí solo,
von oben und ich der Bösewicht der Unbarmherzige bin geblieben hier allein

completamente solo, sin el recurso siquiera de beber; porque si me
völlig allein ohne die Zuflucht wenigstens zu trinken weil wenn [ich] mich

emborracho, vienen ellos, ¿sabe usted? "ellos", mis perseguidores, a
betrinke kommen sie wissen Sie sie meine Verfolger um zu

enloquecerme con el aleteo de sus hopas negras, como si fuesen
irre machen mich mit dem Flattern von ihren Gewändern schwarzen als ob [sie] wären

enormes cuervos, y me pongo a morir... Y sin embargo, no los odio.
riesige Raben und [ich] beginne zu sterben Und dennoch [ich] nicht sie hasse

¡Infelices! Casi lloro cuando los veo en el banquillo.
Unglückliche! [Ich] fast weine wenn [ich] sie sehe auf der Anklagebank

Otros son los que me han hecho mal. Si el mundo se convirtiera en
Andere sind diejenigen die mir haben gemacht schlecht. Wenn die Welt sich verwandelte in

hacer mal a alguien = jemandem schaden

una sola persona, si todos los desconocidos que me robaron a los míos
eine einzige Person wenn alle [--] Unbekannten die mir raubten [--] die Meinigen

con su desprecio y su odio tuvieran un solo cuello y me lo entregaran,
mit ihrer Verachtung und ihrem Hass hätten einen einzigen Hals und mir ihn auslieferten

¡ay, cómo apretaría!... ¡con qué gusto!... Y hablando a gritos se
oh wie [ich] drücken würde mit was [für einem] Vergnügen! Und sprechend in Schreien sich

hablar a gritos = schreien

había puesto de pie, agitando con fuerza sus puños, como si retorciese
hatte aufgestanden schwenkend mit Kraft seine Fäuste als ob [er] verdrehte

una palanca imaginaria. Ya no era el mismo ser tímido, panzudo y
einen Hebel imaginären [Er] nicht mehr war das gleiche Wesen schüchterne dickbäuchige und

quejumbroso. En sus ojos brillaban pintas rojas como salpicaduras de
klägliche In seinen Augen funkelten Flecken rote wie Spritzer von

sangre; el bigote se erizaba y su estatura parecía mayor, como si la
Blut der Schnurrbart sich sträubte und seine Statur schien zu sein größer als ob die

bestia feroz que dormía dentro de él, al despertar, hubiese dado un
Bestie grausame die schlief in ihm beim Aufwachen hätte gegeben einen

formidable estirón a la envoltura.
ungeheuren Ruck [--] der Umhüllung

dar un estirón = schnell wachsen

En el silencio de la cárcel resonaba cada vez más claro el doloroso
In der Stille von dem Gefängnis ertönte immer mehr klar der leidvolle

canturreo que venía del calabozo: «Pa... dre... nu... estro... que estás...
Singsang der kam von der Arrestzelle Va... ter un... ser der [du] bist

en los cielos...» Don Nicomedes no lo oía. Paseaba furioso por la
in dem Himmel   Don   Nicomedes nicht es hörte [Er] ging   wütend durch den

habitación, conmoviendo con sus pasos el piso que servía de techo a
Raum   erschütternd   mit seinen Schritten das Geschoss das diente als Decke [--]

su víctima. Por fin   se fijó en el monótono quejido. — ¡Cómo canta
seinem Opfer Schließlich [er] nahm Notiz von dem monotonen Gejammer   Wie   singt

ese   infeliz!— murmuró— . ¡Cuán lejos   estará   de   saber
dieser Unglückliche [er] murmelte   Wie weit entfernt befindet sich [er wohl] davon [zu] wissen

que estoy   yo aquí, sobre su cabeza!
dass mich befinde ich hier   über seinem Kopf

Se sentó desalentado y permaneció silencioso mucho tiempo, hasta
[Er] sich setzte   mutlos   und   blieb   still   lange Zeit   bis

que sus pensamientos, su afán de protesta, le obligaron a hablar. —
seine   Gedanken   sein Eifer für   Protest   ihn zwangen zu sprechen

Mire usted, señor; conozco que soy un hombre malo y que la gente
Sehen   Sie [mein] Herr [ich] erkenne dass [ich] bin ein Mensch schlechter und dass die Leute

debe despreciarme. Pero lo que me irrita es la falta de lógica. Si lo que
müssen verachten mich   Aber das was mich aufregt ist der Mangel an Logik Wenn das was

yo hago es un crimen, que supriman la pena de muerte y   reventaré
ich mache ist ein Verbrechen sollen [sie] abschaffen die Strafe von   Tod und [ich] verrecken werde

la pena de muerte = die Todesstrafe

de hambre en un rincón, como un perro. Pero si es necesario matar
vor   Hunger in einer Ecke   wie   ein Hund Aber wenn [es] ist erforderlich [zu] töten

para tranquilidad de los buenos, entonces, ¿por qué se me odia? El
für [die] Ruhe   von den Guten   dann   warum   werde ich gehasst Der

fiscal que pide la cabeza del   malo nada sería sin mí, que
Staatsanwalt der verlangt den   Kopf von dem Bösewicht nichts sein würde ohne mich der

obedezco; todos somos ruedas de la misma máquina, y ¡vive Dios! que
gehorcht   alle [wir] sind   Räder von der gleichen   Maschine und so wahr lebt Gott [--]

merecemos igual respeto, porque yo soy un funcionario... con treinta
[wir] verdienen [den] gleichen Respekt   weil   ich bin ein   Beamter   mit   dreißig

años de servicios.
Dienstjahren

El maniquí
Die Modellpuppe

Nueve años habían transcurrido desde que Luis Santurce se separó de
Neun   Jahre hatten   verstrichen   seitdem   Luis   Santurce sich trennte von

su mujer. Después la había visto envuelta en sedas y tules en el fondo
seiner Frau   Danach [er] sie hatte gesehen eingehüllt in Seide und Tüll auf dem Rücksitz

de elegante carruaje, pasando ante él como un relámpago de belleza,
von [einer] eleganten Kutsche vorbeifahrend vor ihm wie ein Blitz von Schönheit

o   la había adivinado desde el "paraíso"del Teatro Real, allá abajo,
oder [er] sie hatte erahnt von dem Paradies vom Königl. Theater dort unten

en un palco, rodeada de señores que se disputaban el murmurar algo
in einer Loge umgeben von Herren die sich rissen um das Murmeln etwas

a su oído para hacer   gala   de una intimidad sonriente.
zu ihrem Ohr um zu machen vornehme Darbietung mit einer Intimität lächelnden

hacer gala de = mit etwas angeben

Estos encuentros removían en él todo el sedimento de la pasada   ira:
Diese Zusammenkünfte wühlten auf in ihm ganze die Ablagerung von dem vergangenen Zorn:

había huido siempre de su mujer como enfermo que teme el
[Er] hatte geflohen immer vor seiner Frau wie [ein] Kranker der fürchtet die

recrudecimiento de sus dolencias, y sin embargo, ahora iba a su
Verschlimmerung von seinen Leiden und dennoch jetzt [er] ging zu ihrer

encuentro,   a   verla y hablarla en aquel hotel de la Castellana,
Zusammenkunft um zu sehen sie und sprechen sie in jenem Hotel von der Castellana

el Paseo de la Castellana = eine der wichtigsten Hauptstraßen von Madrid

cuyo lujo insolente era el testimonio de su deshonra. Los   rudos
dessen Luxus unverschämter war das Zeugnis von ihrer Schande Die schwerfälligen

movimientos del coche de alquiler parecían hacer saltar los recuerdos
Bewegungen von dem Mietwagen schienen [zu] lassen aufspringen die Erinnerungen

del   pasado   de todos los rincones de su memoria.
von der Vergangenheit von allen [--] Ecken von seinem Gedächtnis

Aquella vida que no quería recordar, iba desarrollándose ante sus ojos
Jenes Leben das [er] nicht wollte sich erinnern an allmählich abspielte sich vor seinen Augen

cerrados: su luna de miel de empleado modesto casado con una mujer
geschlossenen sein Mond von Honig von [einem] Angestellten einfachen verheirateten mit einer Frau

la luna de miel = die Flitterwochen

bonita y educada, hija de una familia "venida a menos"; la felicidad
schönen und gebildeten Tochter aus einer Familie gekommen zu wenig das Glück

venida a menos = ziemlich verarmt

de aquel primer año de pobreza endulzado por el cariño; después, las
von jenem ersten Jahr von Armut versüßt mit der Zuneigung später die

protestas de Enriqueta revolviéndose contra la estrechez; el sordo
Proteste von Enriqueta auflehnend sich gegen die Knappheit der geräuschlose

disgusto al oírse llamar hermosa por todos y verse humildemente
Kummer als [sie] hörte sich nennen schön von allen und sah sich einfach

vestida; los disgustos surgiendo por el más   leve   motivo; las
gekleidet der Kummer entstehend aus dem am meisten geringfügigen Grund die

reyertas   a media noche en la alcoba conyugal; las
gewaltsamen Auseinandersetzungen mitten [in der] Nacht in dem Schlafzimmer ehelichen der

sospechas royendo poco a poco la confianza del marido, y de repente
Argwohn zerfressend nach und nach das Vertrauen von dem Ehemann und plötzlich

el ascenso inesperado, el bienestar material colándose por las puertas,
der Aufstieg unerwartete der Wohlstand materielle schlich ein sich durch die Türen

primero tímidamente, como evitando el escándalo; después con
zuerst zaghaft wie vermeidend den Aufruhr später mit

insolente ostentación, como creyendo entrar en un mundo de ciegos,
unverschämter Zurschaustellung wie glaubend ein[zu]treten in eine Welt von Blinden

hasta que ya por fin Luis tuvo la prueba indudable de su desgracia.
bis ja schließlich Luis hatte den Beweis unzweifelhaften von seinem Unglück

Se avergonzaba al recordar su debilidad. No era un cobarde,
[Er] sich schämte als [er] sich erinnerte an seine Schwäche [Er] nicht war ein Feigling [er]

estaba seguro de ello, pero le faltaba voluntad o la amaba demasiado,
war sicher [sich] dessen aber ihm fehlte [der] Wille oder [er] sie liebte zu sehr

y por esto, cuando tras un vergonzoso espionaje se convenció de su
und daher als nach einer beschämenden Spionage [er] sich überzeugte von seiner

deshonra, sólo supo levantar la crispada mano sobre aquella hermosa
Schande [er] nur wusste [zu] heben die verkrampfte Hand über dieses schöne

cara de muñeca pálida, y acabó por no descargar el golpe. Sólo tuvo
Gesicht von [einer] Puppe bleichen und schließlich nicht lud ab den Schlag [Er] nur hatte

descargar un golpe = einen Schlag versetzen

fuerzas para arrojarla de la casa y llorar como un niño abandonado
Kräfte um zu werfen sie aus dem Haus und [zu] weinen wie ein Kind verlassenes

apenas cerró la puerta.
sobald [er] schloss die Tür

Después, la soledad completa, la monotonía del aislamiento,
Danach die Einsamkeit völlige die Monotonie von der Isolation

interrumpida por noticias que le hacían daño. Su mujer viajaba por el
unterbrochen durch Nachrichten die ihm taten weh Seine Frau reiste durch das

centro de Europa como una princesa; un millonario "la había
Zentrum von Europa wie eine Prinzessin ein Millionär sie hatte

lanzado"; aquella era su verdadera existencia, para aquello había
lanciert diese war ihre wahre Existenz für dies [sie] wurde

lanzar = geschickt zu einer vorteilhaften Position, Ansehen, Anerkennung verhelfen

nacido. Todo un invierno llamó la atención en París; los periódicos
geboren Ganzen einen Winter [sie] rief die Aufmerksamkeit in Paris die Zeitungen

llamar la atención = die Aufmerksamkeit auf sich lenken

hablaban de la hermosa española; sus triunfos en las playas de moda
sprachen von der schönen Spanierin ihre Triumphe an den Stränden angesagten

eran ruidosos, se buscaba como un honor arruinarse por ella, y varios
waren laut [es] [hier] wurde herausgefordert wie eine Ehre [zu] ruinieren sich für sie und mehrere

duelos y ciertos rumores de suicidio formaban en torno de su nombre
Duelle und gewisse Gerüchte um Selbstmord bildeten um herum ihren Namen

39

un ambiente de   leyenda.
ein   Umfeld   von [einer] Legende

Después de tres años de correría triunfal,   volvió   a Madrid,
Nach   drei Jahren von Streifzügen triumphalen [sie] kehrte zurück nach   Madrid

acrecentada su hermosura por el extraño encanto del cosmopolitismo.
vergrößert   ihre   Schönheit durch den sonderbaren Reiz von dem   Weltbürgertum

Ahora la protegía el   más   rico negociante de España, y en su
Jetzt   sie beschützte der am meisten reiche   Händler   von   Spanien und in seinem

espléndido hotel reinaba sobre una corte sólo de hombres: ministros,
prächtigen   Hotel [sie] herrschte über   einen   Hof   nur   von   Männern   Minister

banqueros, políticos influyentes, personajes de todas clases que
Bankiers   Politiker   einflussreiche Persönlichkeiten aus   allen   Schichten die

buscaban su sonrisa como la mejor de sus condecoraciones.
suchten   ihr Lächeln   wie   die beste von ihren   Auszeichnungen

Tan grande era su poder, que hasta Luis creía sentirlo en torno de su
So   groß   war ihre Macht   dass   sogar   Luis glaubte [zu] spüren sie um herum   ihre

persona, viendo que se sucedían las situaciones políticas sin que   le
Person   sehend dass aufeinander folgten die   Lagen   politischen ohne dass [sie] ihm

tocasen su empleo. El miedo a combatir por el sostenimiento de la
anfassten seine Anstellung Die Angst zu   kämpfen   für den   Unterhalt   von dem

vida le hacía aceptar aquella situación, en la que adivinaba la mano
Leben ihn ließen akzeptieren   diese   Situation   in   der   [er] erahnte   die Hand

oculta de Enriqueta. Solo y condenado a trabajar para vivir, sentía,
verborgene von   Enriqueta   Allein und   verurteilt   zu   arbeiten   um zu leben [er] fühlte

sin embargo, la vergüenza del miserable que tiene como único mérito
dennoch   die   Scham   von dem Unglücklichen der   hat   als   einzigen Verdienst

ser esposo de una mujer hermosa. Todo su valor consistía en huir
[zu] sein Ehegatte von einer   Frau   schönen   Ganzer sein Mut   bestand   in Fliehen

cuando la encontraba a su paso, insolente y triunfadora en su
wenn [er] ihr   begegnete   auf seinen Wegen unverschämt und triumphierend in seiner

el paso = der Schritt

deshonra; huir perseguido por aquellos ojos que se fijaban en él con
Schande   fliehen   verfolgt   von   jenen   Augen die sich hefteten auf ihn mit

sorpresa, perdiendo su altivez de   mujer codiciada.
Überraschung   verlierend   ihre Hochmut von [einer] Frau   begehrten

Un día recibió la visita de un cura viejo y de   aspecto tímido;
Eines Tages [er] empfing den Besuch von einem Pfarrer alten und mit [einer] Erscheinung schüchternen

el mismo que ahora iba sentado junto a él en el coche. Era el confesor
der gleiche der   jetzt   fuhr sitzend   neben   ihm in der Kutsche [Es] war der Beichtvater

de su mujer. ¡Bien había sabido escogerlo! Un señor bondadoso,
von seiner Frau   Gut [sie] hatte gewusst aus[zu]suchen ihn Ein Herr   gütiger

40

de cortos alcances. Cuando dijo quién le enviaba, Luis no pudo
mit kurzer Tragweite   Als [er] sagte wer ihn schickte   Luis nicht konnte
de cortos/pocos alcances = geistig beschränkt

contenerse: «¡Valiente tal!», y soltó redondo el insulto. Pero
zurückhalten sich: [Eine] Mutige solche und stieß aus eindeutig die Beschimpfung Aber

imperturbable el buen viejo, como quien trae aprendido el discurso y
unbeirrt der gute Alte wie [jemand] der bringt gelernt die Rede und

lo teme olvidar si tarda en soltarlo, le habló de Magdalena
sie fürchtet [zu] vergessen wenn [er] zögert von sich [zu] geben sie [er] ihm erzählte von Magdalena [der]

pecadora; del Señor, que siendo quien era, la había perdonado; y
Sünderin von dem Herrn der seiend wer [er] war ihr hatte verziehen und

pasando al estilo llano y natural, contó la transformación sufrida
übergehend zum Stil einfachen und natürlichen erzählte die Verwandlung erlittene

por Enriqueta.
von Enriqueta

Estaba enferma; apenas si salía de su hotel; una enfermedad que roía
[Sie] war krank kaum ging hinaus aus ihrem Hotel eine Krankheit die zerfraß

sus entrañas, un cáncer al que había que domar con continuas
ihre Eingeweide ein Krebs [--] den [man] musste bändigen mit ständigen

inyecciones de morfina para que no la hiciera desfallecer y rugir de
Spritzen mit Morphium damit [er] nicht sie ließ ermüden und brüllen vor

dolor con sus crueles arañazos. La desgracia la había hecho volver sus
Schmerz mit seinen grausamen Kratzern Das Unglück ihr hatte lassen wenden ihre

ojos a Dios; se arrepentía del pasado, quería verle...
Augen zu Gott [sie] bereute die Vergangenheit wollte sehen ihn

Y él, el hombre cobarde, saltaba de gozo al oír esto, con la satisfacción
Und er der Mann feige sprang [auf] vor Freude als [er] hörte das mit der Zufriedenheit

del débil que se ve vengado. ¡Un cáncer!... ¡El maldito lujo que se
von dem Schwachen der sich sieht gerächt Ein Krebs Der verfluchte Luxus der

pudría dentro de ella, haciéndola morir en vida! Y siempre tan
faulte in ihr lassend sie sterben in [dem] Leben Und immer so

hermosa, ¿verdad? ¡Qué dulce venganza!... No; no iría a verla.
schön nicht wahr Was [für eine] süße Rache Nein [er] nicht gehen würde zu sehen sie

Era inútil que el cura buscase argumentos. Podía visitarle cuando
[Es] war zwecklos dass der Pfarrer suchte Argumente [Er] konnte besuchen ihn wann [er]

quisiera y darle noticias de su mujer: aquello le alegraba mucho; ahora
wollte und geben ihm Nachrichten von seiner Frau: Dies ihn erfreute sehr jetzt

comprendía por qué los hombres son malos. Desde entonces el cura
[er] begriff warum die Menschen sind schlecht Seitdem der Pfarrer

le visitaba casi todas las tardes, para fumar unos cuantos cigarros,
ihn besuchte fast jeden Nachmittag um zu rauchen ein paar Zigarren

hablando de Enriqueta, y alguna vez salían juntos, paseando por
redend von Enriqueta und gelegentlich [sie] gingen aus zusammen spazieren gehend an

41

las afueras de Madrid como antiguos amigos.
dem Stadtrand von Madrid wie alte Freunde

La enfermedad avanzaba rápidamente; Enriqueta estaba convencida
Die Krankheit schritt fort schnell Enriqueta war überzeugt

de que iba a morir. Quería verle para implorar su perdón; así
davon dass [sie] bald starb [Sie] wollte sehen ihn um zu flehen um seine Verzeihung so [sie]

lo pedía, con tono de niña caprichosa y enferma que exige un
ihn bat mit [dem] Ton von [einem] Mädchen launenhaften und kranken das verlangt ein

juguete. Hasta "el otro", el protector poderoso, dócil a pesar de su
Spielzeug Sogar der andere der Beschützer mächtige fügsam trotz seiner

omnipotencia, le suplicaba al cura que llevase al hotel al marido
Allmacht [--] flehte an den Pfarrer dass [er] mitnähme zum Hotel den Ehemann

de Enriqueta.
von Enriqueta

El buen viejo hablaba con fervor de la conmovedora conversión de la
Der gute Alte sprach mit Eifer von der ergreifenden Bekehrung von der
con fervor = eifrig

señora, aunque confesando que el maldito lujo, perdición de tantas
Frau obwohl gestehend dass der verfluchte Luxus Verderben von so vielen

almas, todavía la dominaba. La enfermedad la tenía prisionera en su
Seelen noch sie beherrschte Die Krankheit sie hatte [als] Gefangene in ihrem

casa; pero en los momentos de calma, cuando el pícaro dolor no la
Haus aber in den Momenten von Ruhe wenn der heimtückische Schmerz nicht sie

hacía ir de un lado a otro como una loca, hojeaba catálogos y
ließ gehen von einer Seite auf [die] andere wie eine Verrückte [sie] blätterte durch Kataloge und

figurines de París, escribía a sus proveedores de allá, y rara era la
Modezeichnungen aus Paris schrieb [--] ihren Lieferanten von dort und selten war die

semana en que no llegaban cajones con las últimas novedades: trajes,
Woche in der nicht ankamen Kisten mit den letzten Neuheiten Kleider

sombreros y joyas que, después de contemplados y manoseados un
Hüte und Schmuckstücke die nachdem [sie wurden] betrachtet und betatscht einen

día en el cerrado dormitorio, caían en los rincones o se ocultaban para
Tag in dem geschlossenen Schlafzimmer fielen in die Ecken oder sich verbargen für

siempre en los armarios, como juguetes inútiles. Por todos estos
immer in den Schränken wie Spielzeuge nutzlose Durch all diese

caprichos pasaba "el otro", con tal de ver a Enriqueta sonriente.
Launen ging durch der andere Hauptsache, [er] sah [--] Enriqueta lächelnd

Estas continuas confidencia hacían penetrar lentamente a Luis en la
Diese ständigen vertraulichen Mitteilungen ließen eindringen langsam [--] Luis in das

vida de su mujer; seguía de lejos el curso de su enfermedad y no
Leben von seiner Frau [er] folgte von fern dem Verlauf von ihrer Krankheit und [es] nicht

pasaba   día sin que   mentalmente se rozase con aquel ser,   del que
verging [ein] Tag ohne dass [er]   im Geiste   Umgang hatte mit jenem Wesen   von dem [er]

se había apartado para siempre. Una tarde se presentó el cura con
sich hatte   abgewandt   für   immer   Eines Nachmittags   erschien   der Pfarrer mit

desusada energía. Aquella señora estaba en las últimas,   le llamaba a
ungewöhnlicher Energie   Diese   Frau   befand sich in den   letzten [nach] ihm   schrie

estar en las últimas = in den letzten Zügen liegen

gritos; era un crimen   negar el último consuelo a una moribunda, y él
[es] war ein Verbrechen [zu] verweigern den letzten   Trost   [--] einer   Sterbenden   und er

no lo consentía. Sentíase capaz de llevárselo a   viva fuerza. Luis,
nicht es   zuließ   [Er] fühlte sich   fähig   zu mitnehmen ihn mit lebhafter Kraft   Luis

a viva fuerza = mit (roher) Gewalt

vencido por la voluntad del viejo, se dejó arrastrar y subió a un coche,
besiegt   von dem   Willen   von dem Alten sich ließ   mitreißen und stieg ein in eine Kutsche

insultándose mentalmente,   pero sin fuerzas para retroceder...
beschimpfend sich   geistig   aber ohne Kräfte   um zu   zurückgehen

¡Cobarde! ¡Cobarde para siempre!
Feigling   Feigling   für   immer

Detrás de la negra sotana atravesó el jardín del hotel que tantas veces,
Hinter   der schwarzen Kutte [er] durchquerte den Garten vom   Hotel   den so viele   Male

al   pasar   por el inmediato paseo,   había espiado con miradas
beim Vorbeigehen über die nächstgelegene Promenade, [er] hatte   ausgespäht mit   Blicken

una mirada de odio = ein hasserfüllter Blick

de odio... Y ahora, nada; ni odio ni dolor: un vivo sentimiento de
von Hass   Und   jetzt   nichts weder Hass noch Schmerz ein lebhaftes   Gefühl   von

ni ... ni ... = weder ... noch

curiosidad, como el que entra en   país desconocido, paladeando
Neugier   wie derjenige der   eintritt in [ein] Land   unbekanntes   genießend

anticipadamente las maravillas que   espera ver. Dentro del hotel la
im Voraus   die   Wunder   die [er] erwartet [zu] sehen   In dem   Hotel   der

misma impresión de curiosidad y asombro. ¡Ah, miserable! ¡Cuántas
gleiche   Eindruck   von   Neugier   und Erstaunen   Ah, Unglücklicher   Wie viele

veces, en los ensueños de su voluntad impotente, se había visto
Male   in den   Träumen   von seinem Willen   kraftlosen   sich hatte gesehen

entrando en aquella casa como un marido de   drama, el arma en la
hineingehend in   dieses   Haus   wie   ein Ehemann aus [einem] Drama die   Waffe in der

mano para matar a la esposa infiel, y destrozando después, como una
Hand   um zu   töten [--] die Ehefrau untreue und   zerstörend   danach   wie   eine

fiera loca,   los muebles costosos, los ricos cortinajes, las mullidas
Bestie verrückte die   Möbel   kostspieligen die prächtigen Gardinen   die   flauschigen

alfombras!
Teppiche

43

Y ahora la blandura que sentía bajo sus pies, los bellos colores por los
Und jetzt die Weichheit die [er] fühlte unter seinen Füßen die schönen Farben über die

que resbalaba su mirada, las flores que le saludaban con su perfume
glitt sein Blick die Blumen die ihn grüßten mit ihrem Duft

desde los rincones, causábanle una embriaguez de eunuco, y
aus den Ecken verursachten ihm einen Rausch von [einem] Kastrierten und [er]

sentía impulsos de tenderse en aquellos muebles, de tomar posesión,
fühlte [einen] Impuls zu hinlegen sich auf diesen Möbeln zu nehmen [in] Besitz

como si le pertenecieran, por ser de su mujer. Ahora comprendía lo
als ob [sie] ihm gehörten weil [sie] gehörten seiner Frau Jetzt [er] begriff das

que era la riqueza y con qué fuerza pesaba sobre sus esclavos.
was war der Reichtum und mit was [für einer] Kraft [er] lastete auf seinen Sklaven [Er]

Estaba ya en el primer piso, y ni siquiera había percibido, en la calma
befand sich schon in dem ersten Stock und nicht einmal hatte wahrgenommen in der Ruhe

solemne del hotel, ninguno de esos detalles con que se revela la
feierlichen von dem Hotel keines von diesen Details mit denen sich enthüllt der

muerte al entrar en una casa.
Tod beim Eintreten in ein Haus

Vio criados tras cuya máscara impasible creyó percibir un gesto de
[Er] sah Diener hinter deren Maske gleichmütigen [er] glaubte wahr[zu]nehmen eine Geste von

curiosidad insolente: una doncella le saludó con enigmática sonrisa,
Neugier unverschämter: Eine Zofe ihn grüßte mit rätselhaftem Lächeln

que no se sabía si era de simpatía o de burla para «el marido de la
dass nicht man wusste ob [es] war aus Sympathie oder aus Spott für den Ehemann von der

señora»; creyó distinguir en una habitación inmediata un señor que se
Frau [er] glaubte aus[zu]machen in einem Zimmer nebenan einen Herrn der sich

ocultaba (tal vez era "el otro"); y aturdido por aquel mundo nuevo,
verbarg vielleicht [es] war der andere und verblüfft durch diese Welt neue [er]

atravesó una puerta, empujado suavemente por su guía. Estaba en
durchschritt eine Tür geschoben sanft von seinem Begleiter [Er] befand sich in

el / la guía = der Führer / die Führerin

el dormitorio de la señora: una habitación sumida en suave penumbra,
dem Schlafzimmer von der Frau ein Zimmer getaucht in sanftes Dämmerlicht

que rasgaba una faja de sol filtrándose por un balcón entreabierto.
den zerriss ein Streifen von Sonne durchscheinend durch einen Balkon halboffenen

En medio de este rayo de luz estaba una mujer erguida, esbelta,
In [der] Mitte von diesem Strahl von Licht befand sich eine Frau aufrecht schlank

el rayo de luz = der Lichtstrahl

sonrosada, vestida con un hermoso traje de "soirée", las nacaradas
rosig gekleidet in ein schönes Kleid von "Abendgesellschaft" der perlmutterfarbene

espaldas surgiendo de entre nubes de blondas, y el pecho y la cabeza
Rücken erhebend sich zwischen Wolken von Seidenspitzen und die Brust und der Kopf

44

deslumbrantes con el centelleo de las   joyas.   Luis retrocedió
blendend   mit dem Funkeln   von den Schmuckstücken Luis wich zurück

asombrado, protestando de la   farsa. ¿Aquella era la enferma? ¿Le
erstaunt   protestierend gegen den billigen Scherz Jene war die Kranke [Sie] ihn

habían llamado para insultarle? — ¡Luis... Luis!...— gimió tras él
hatten   gerufen um zu beleidigen ihn   Luis   Luis   seufzte hinter ihm

una voz débil, con   entonación infantil y suave, que le recordaba el
eine Stimme schwache mit [einem] Tonfall   kindlichen und sanften der ihn erinnerte an die

pasado, los mejores instantes de su vida.
Vergangenheit die besten   Augenblicke aus seinem Leben

Sus ojos, acostumbrados ya a la oscuridad, vieron en el fondo de la
Seine Augen   gewöhnt   schon an die Dunkelheit   sahen in dem Hintergrund von dem

habitación algo monumental e imponente como un altar: una cama
Zimmer   etwas Monumentales und Imposantes wie einen Altar ein Bett

con gradas, y en la cual, bajo los ondulantes cortinajes, se incorporaba
mit   Stufen und in welchem unter den sich wellenden Gardinen sich   aufrichtete

trabajosamente una figura blanca. Entonces se fijó en la mujer
mühsam   eine Gestalt weiße   Dann [er] betrachtete die Frau

inmóvil, que parecía esperarle con su esbelta rigidez y sus ojos de
bewegungslose die schien [zu] erwarten ihn mit ihrer schlanken Starrheit und ihren Augen mit

vaga mirada, como empañados por lágrimas. Era un artístico maniquí
unklarem Blick   wie   trüb   von   Tränen [Es] war eine künstlerische Modellpuppe

que guardaba   cierta semejanza con Enriqueta. La servía para poder
die   einhielt [eine] gewisse Ähnlichkeit mit   Enriqueta [Sie] ihr diente um zu können

contemplar mejor aquellas novedades que   continuamente recibía de
betrachten besser   jene   Neuheiten die [sie]   fortwährend   empfing aus

París.   Era el único   actor de las representaciones de elegancia y
Paris [Sie] war der einzige Schauspieler von den   Aufführungen   von Eleganz und

riqueza que se daba a solas para remedio de su enfermedad.
Reichtum die [sie] sich gab ganz allein als   Mittel gegen ihre Krankheit

> a solas = unter vier Augen

— ¡Luis... Luis!...— volvió a gemir la vocecita desde el fondo de la
Luis   Luis   erneut seufzte das Stimmchen aus dem Hintergrund von dem

> volver a hacer una cosa = etwas wieder tun

cama. Tristemente fue Luis hacia ella para verse   agarrado por unos
Bett   Traurig   ging Luis zu ihr um zu sehen sich ergriffen von   [--]

brazos que le apretaron convulsivamente y sentir una boca ardorosa
Armen die ihn drückten   krampfartig   und spüren einen Mund leidenschaftlichen

que buscaba la suya, implorando perdón, al mismo tiempo que en una
der suchte den seinen flehend um Verzeihung zu der gleichen Zeit als auf einer

mejilla recibía la tibia caricia de las lágrimas. — Di que me perdonas;
Wange [er] erhielt die lauwarme Liebkosung von den Tränen   Sag dass [du] mir verzeihst

45

dilo, Luis, y tal vez   no me muera. Y el marido, que instintivamente
sag es Luis und vielleicht [ich] nicht mich sterbe Und der Ehemann der   instinktiv

intentaba repelerla, acabó por abandonarse entre aquellos brazos,
versuchte ab[zu]weisen sie   schließlich gab hin sich   zwischen diesen   Armen

repitiendo sin darse cuenta las mismas palabras cariñosas de los
wiederholend ohne [es zu] bemerken die gleichen   Worte   liebevollen aus den

tiempos felices. Ante sus ojos, habituados a la oscuridad, iba
Zeiten   glücklichen Vor seinen Augen gewöhnt an die Dunkelheit allmählich

marcándose con todos sus detalles el rostro de su mujer.
abzeichnete sich mit   allen seinen Details das Gesicht von seiner Frau

— ¡Luis, Luis mío!— decía ella sonriendo en medio de las lágrimas.
    Luis   Luis mein   sagte sie lächelnd   unter   den Tränen

¿Cómo me encuentras? Ya no soy tan hermosa como en nuestros
Wie [du] mich findest [Ich] nicht mehr bin so schön wie in unseren

tiempos de felicidad... cuando yo aún no era loca. Dime, ¡por Dios!
Zeiten von Glück   als ich noch nicht war verrückt Sag mir um Gottes willen

dime qué te parezco. Su marido la miraba con asombro. Hermosa,
sag mir wie [ich] dir gefalle Ihr Ehemann sie blickte an mit Erstaunen   Schön

siempre hermosa, aquella belleza infantil e ingenua que tan temible
immer   schön   diese Schönheit kindliche und naive die so Furcht erregend

la hacía. La muerte aún no estaba allí: únicamente por entre el
sie machte Der Tod noch nicht befand sich dort: Nur   zwischen dem

suave perfume de aquella carne soberana, de aquel lecho majestuoso,
zarten Duft von diesem Fleisch souveränen von diesem Bett majestätischen

parecía deslizarse un vaho sutil y lejano de materia muerta, algo que
schien fort[zu]schleichen sich ein Dunst zarter und entfernter von Materie toter etwas das

delataba la interior descomposición que se mezclaba en sus besos.
verriet die innere   Zersetzung   die sich mischte in ihre Küsse

Luis adivinó la presencia de alguien detrás de él. Un hombre estaba
Luis erahnte die Anwesenheit von jemandem hinter ihm Ein Mann befand sich

a pocos pasos, contemplándolos con expresión confusa, como
entfernt wenige Schritte betrachtend sie mit [einem] Ausdruck verwirrten wie

atraído allí por un impulso superior a la voluntad que le avergonzaba.
hingezogen dorthin von einem Impuls überlegenen dem Willen der ihn beschämte

El marido de Enriqueta conocía, como media nación, la austera cara
Der Ehemann von Enriqueta kannte wie [die] halbe Nation das strenge Gesicht

de aquel señor ya entrado en años, hombre de sanos principios, gran
von diesem Herrn schon eingetreten in Jahre [einem] Mann mit gesunden Prinzipien großer

entrar en años = in die Jahre kommen

defensor de la moral pública.
Verteidiger von der Moral öffentlichen

— ¡Dile que se vaya, Luis!— gritó la enferma— . ¿Qué hace ahí ese
Sag ihm dass [er] gehen soll Luis schrie die Kranke Was macht da dieser

hombre? Yo sólo te quiero a ti... sólo quiero a mi marido. Perdóname...
Mann Ich nur dich liebe [--] [--] nur liebe [--] meinen Ehemann Verzeih mir

fue el lujo, el maldito lujo: necesitaba dinero, mucho dinero; pero
[es] war der Luxus der verfluchte Luxus: [Ich] brauchte Geld viel Geld aber

amar... sólo a ti. Enriqueta lloraba mostrando su arrepentimiento, y
lieben nur [--] dich Enriqueta weinte zeigend ihre Reue und

aquel hombre lloraba también, débil y humilde ante el desprecio.
dieser Mann weinte auch schwach und demütig angesichts der Geringschätzung

Luis, que tantas veces había pensado en él con arrebatos de cólera, y
Luis der so viele Male hatte gedacht an ihn mit Zornausbrüchen und

que al verle había sentido impulsos de arrojarse a su cuello, acabó por
der als [er] sah ihn hatte gespürt [einen] Impuls zu stürzen sich auf seinen Hals schließlich

mirarle con simpatía y respeto. ¡También la amaba! Y la comunidad
blickte an ihn mit Sympathie und Respekt [Er] auch sie liebte Und die Gemeinschaft

en el afecto, en vez de repelerlos, ligaba al marido y "al otro" con
[--] der Zuneigung statt zu abstoßen sie verband den Ehemann und den anderen mit

una simpatía extraña.
einer Sympathie sonderbaren

— Que se vaya, que se vaya— repetía la enferma con una terquedad
[Er] soll gehen [er] soll gehen wiederholte die Kranke mit einem Trotz

infantil. Y su marido miraba al hombre poderoso con expresión
kindischen Und ihr Ehemann blickte an den Mann mächtigen mit [einem] Ausdruck

suplicante, como si pidiera perdón para su mujer, que no sabía lo que
flehenden als ob [er] bitte [um] Verzeihung für seine Frau die nicht wusste das was

decía. — Vamos, doña Enriqueta— dijo desde el fondo de la
[sie] sagte Aber, aber Doña Enriqueta sagte aus dem Hintergrund von dem

habitación la voz del cura— . Piense usted en sí misma y en Dios:
Zimmer die Stimme von dem Pfarrer Denken Sie an sich selbst und an Gott:

no incurra en el pecado de soberbia. Los dos hombres, el marido y el
Nicht begehen [Sie] die Sünde von [dem] Hochmut Die zwei Männer der Ehemann und der

protector, acabaron por sentarse junto al lecho de la enferma. El dolor
Beschützer schließlich setzten sich neben das Bett von der Kranken Der Schmerz

la hacía rugir, había que darla frecuentes inyecciones, y los dos
sie ließ brüllen [man] musste geben ihr häufige Spritzen und die zwei

acudían solícitos a su cuidado.
eilten emsig zu ihrer Betreuung

Varias veces se tropezaron sus manos al incorporar a Enriqueta, y no
Mehrmals stießen [aneinander] ihre Hände als [sie] aufrichteten [--] Enriqueta und nicht

los separó una repulsión instintiva; antes bien, se ayudaban con
sie trennte eine Abneigung instinktive eher [sie] sich halfen mit

efusión fraternal. Luis encontraba cada vez más simpático a aquel
Herzlichkeit brüderlicher Luis fand immer mehr sympathisch [--] diesen

buen señor, de   trato tan llano a pesar de sus millones, y que
guten Herrn von [einem] Umgang so einfachen trotz seiner Millionen und der

lloraba a su mujer más aún que él. Durante la noche, cuando la
beweinte [---] seine Frau mehr noch als er Während der Nacht als die

enferma descansaba bajo la acción de la morfina, los dos hombres,
Kranke sich ausruhte unter der Einwirkung von dem Morphium die zwei Männer

compenetrados por aquella velada de sufrimientos, conversaban en
sich völlig verstanden wegen diesem Abend von Leiden unterhielten sich mit

voz baja, sin que en sus palabras se notara el menor dejo de remoto
Stimme leiser ohne dass in ihren Worten man bemerkte den geringsten Anflug von fernem

odio.   Eran como hermanos reconciliados por el amor.
Hass. [Sie] waren wie Brüder versöhnte durch die Liebe

Al amanecer murió Enriqueta repitiendo: «¡Perdón! ¡perdón!» Pero su
Bei Tagesanbruch starb Enriqueta wiederholend Verzeihung Verzeihung Aber ihr

última mirada no fue para el marido. Aquel hermoso pájaro sin seso
letzter Blick nicht war für den Ehemann Dieser schöne Vogel ohne Verstand

levantó el vuelo para siempre acariciando con los ojos el maniquí de
erhob den Flug für immer liebkosend mit den Augen die Modellpuppe mit

> levantar el vuelo = wegfliegen

eterna sonrisa y mirada vidriosa; el ídolo del lujo, que erguía cerca del
ewigem Lächeln und Blick glasigem der Abgott von dem Luxus der erhob nah bei dem

balcón su cabeza hueca, sobre la cual, con infernal fulgor,
Balkon seinen Kopf hohlen auf welchem mit höllischem Glanz

> la cabeza hueca = der Hohlkopf

centelleaban los brillantes, heridos por la azulada luz del   alba.
funkelten die Brillanten getroffen von dem bläulichen Licht von der Morgendämmerung

La paella del «roder»
Die Paella von dem Roder

> La Paella = spanisches Gericht aus Reis mit Fleisch, Fisch, Muscheln, Krebsen, Gemüse etc.
> rôder (Französisch) = sich herumtreiben

Fue un día de fiesta para la cabeza del distrito la repentina visita   del
War ein Festtag für die Führung von dem Bezirk der plötzliche Besuch von dem

diputado, un señorón de Madrid, tan poderoso para aquellas buenas
Abgeordneten ein vornehmer Herr aus Madrid so mächtig für diese guten

gentes, que hablaban de él como de la Santísima Providencia. Hubo
Leute die sprachen von ihm wie von der heiligsten göttlichen Macht [Es] gab

gran "paella" en el   huerto   del   alcalde; un festín pantagruélico,
große   Paella   in dem Gemüsegarten vom Bürgermeister ein Festessen   überreichliches

amenizado por la banda del pueblo y contemplado por todas las
unterhalten   von der Kapelle   vom   Dorf   und   betrachtet   von   allen   [--]

la banda de música = die Musikkapelle

mujeres y chiquillos, que asomaban curiosos tras las tapias.
Frauen und   Kindern   die   erschienen   neugierig   hinter den Mauern

La flor del distrito estaba allí: los curas de cuatro o cinco pueblos, pues
Die Elite von dem Bezirk befand sich dort die Pfarrer von   vier   oder fünf   Dörfern   denn

el diputado era defensor del orden y los sanos principios; los alcaldes
der Abgeordnete war Verteidiger von der Ordnung und den gesunden Prinzipien   die Bürgermeister

y todos los muñidores que en tiempos de elección trotaban por los
und alle die   Helfer   die in Zeiten von [der] Wahl   trabten   über die

caminos trayéndole a don José las actas incólumes para que manchase
Wege   bringend ihm [--] Don José die Protokolle unversehrten   damit   besudelt würde

su blanca virginidad con cifras monstruosas. Entre las sotanas nuevas
ihre weiße Jungfräulichkeit mit Ziffern   riesigen   Zwischen den Kutten neuen

y los trajes de fiesta   oliendo a   alcanfor y con los pliegues del arca,
und den   Ballkleidern   riechenden nach   Kampfer und mit den   Falten   von der Truhe

destacábanse majestuosos los lentes de oro y el negro chaqué del
hoben ab sich   majestätisch   die Brille aus Gold und der schwarze Cutaway von dem

el chaqué = langer, dunkler, vorn abgerundet geschnittener Sakko mit steigendem Revers

diputado; pero a pesar de toda su prosopopeya, la Providencia del
Abgeordneten aber   trotz   ganzen ihrer Aufgeblasenheit die göttliche Macht von dem

distrito apenas si llamaba la atención.
Bezirk   kaum   lenkte die Aufmerksamkeit auf sich

Todas las miradas eran para un hombrecillo con calzones de pana y
Alle [--]   Blicke waren für einen kleinen Mann mit Hosen aus Kordsamt und

negro pañuelo en la cabeza, enjuto, bronceado, de fuertes quijadas, y
schwarzem Tuch auf dem Kopf dürr   gebräunt mit kräftigen Kiefern und

que tenía al lado un pesado retaco, no cambiando de asiento sin llevar
der hatte an der Seite ein schweres Gewehr nicht wechselnd den Sitzplatz ohne [zu] tragen

el retaco = kurzes Gewehr

tras sí la vieja arma, que parecía un adherente de su cuerpo. Era el
hinter sich die alte Waffe die wirkte wie ein Anhänger von seinem Körper [Es] war der

famoso Quico "Bolsón", el héroe del distrito, un "roder" con treinta
berühmte [Vorname] Bolsón der Held von dem Bezirk ein Roder mit dreißig

el bolsón = die Tasche

años de hazañas, al que miraba la gente joven con   terror casi
Jahren von Heldentaten den blickten an die Leute jungen mit [einem] Schrecken fast

supersticioso, recordando su niñez, cuando las madres decían para
abergläubischen sich erinnernd an ihre Kindheit als die Mütter sagten um zu

49

hacerles callar: «¡Que viene "Bolsón"!» A los veinte años tumbó
bringen sie [zum] Schweigen [--] kommt Bolsón Mit [--] zwanzig Jahren [er] schlug nieder

a dos por cuestión de amores; y después al monte con el retaco, a
[--] zwei wegen Problemen von [der] Liebe und dann zum Gebirge mit seinem Gewehr um zu

hacer la vida de "roder", de caballero andante de la sierra.
führen das Leben von [einem] Roder von [einem] Reiter umherziehenden von der Gebirgskette

el caballero andante = der fahrende Ritter

Más de cuarenta procesos estaban en suspenso, esperando que tuviera
Mehr als vierzig Verfahren befanden sich in [der] Schwebe wartend dass [er] hätte

la bondad de dejarse coger. ¡Pero bueno era él! Saltaba como una
die Güte zu lassen sich fassen Aber gut war er [Er] sprang wie eine

cabra, conocía todos los rincones de la sierra, partía de un balazo una
Ziege kannte alle [--] Ecken von der Gebirgskette zerteilte mit einem Schuss eine

moneda en el aire, y la Guardia Civil, cansada de correrías
Münze in der Luft und die spanische Polizeieinheit überdrüssig [--] der Streifen

infructuosas, acabó por no verle. Ladrón... eso nunca. Tenía sus
ergebnislosen endete mit nicht sehen ihn Dieb das nie [Er] hatte seine

desplantes de caballero; comía en el monte lo que le daban por
[hier] Arroganz von [einem] Ritter aß in dem Gebirge das was ihm gaben aus

admiración o miedo los de las fincas, y si salía en el distrito algún
Bewunderung oder Angst die von den Gehöften und wenn erschien in dem Bezirk irgendein

ratero, pronto le alcanzaba su retaco; él tenía su honradez y no quería
Dieb schnell ihn erreichte sein Gewehr er hatte seine Ehrenhaftigkeit und nicht wollte

cargar con robos ajenos.
auf sich nehmen Raube anderen gehörende

Sangre... eso sí, hasta los codos. Para él un hombre valía menos que
Blut das ja bis zu den Ellenbogen Für ihn ein Mensch war wert weniger als

una piedra del camino; aquella bestia feroz usaba magistralmente
ein Stein von dem Weg diese Bestie grausame wandte an meisterhaft

todas las suertes de matar al enemigo: con bala, con navaja;
alle [--] Arten zu töten den Feind mit [der] Kugel mit [dem] Taschenmesser

frente a frente, si tenían agallas para ir en su busca; a la espera
von Angesicht zu Angesicht wenn [sie] hatten Mut um zu gehen auf [die] Suche nach ihm in Erwartung

y emboscado, si eran tan recelosos y astutos como él. Por
und in einen Hinterhalt gelockt wenn [sie] waren so argwöhnisch und listig wie er Aus

celos había ido suprimiendo a los otros "roders" que infestaban la
Eifersucht [er] hatte allmählich beseitigt [--] die anderen Roders die überschwemmten die

sierra; en los caminos, uno hoy y otro mañana, había asesinado a
Gebirgskette auf den Wegen einer heute und [ein] anderer morgen [er] hatte umgebracht [--]

antiguos enemigos, y muchas veces bajó a los pueblos en
alte Feinde und oft ging hinunter in die Dörfer an [dem]

50

domingo para dejar tendidos en la plaza, a la salida de la misa mayor,
Sonntag um zu lassen hingelegt auf dem Platz bei dem Ausgang von dem Hochamt
a la salida de la misa = nach dem Gottesdienst

a alcaldes o propietarios influyentes.
[--] Bürgermeister oder Eigentümer einflussreiche

Ya no le molestaban ni le perseguían. Mataba por pasión política a
[Sie] nicht mehr ihn belästigten und ihn verfolgten [Er] tötete aus Leidenschaft politischer [--]

hombres que apenas conocía, por asegurar el triunfo de don José,
Männer die [er] kaum kannte um ab[zu]sichern den Triumph von Don José

eterno representante del distrito. La bestia feroz era, sin darse cuenta
ewiger Repräsentant von dem Bezirk Die Bestie grausame war ohne [zu] bemerken

de ello, una garra del gran pólipo electoral que se agitaba allá
es eine [hier] Tentakel von dem großen Polypen der Wahl der sich hin und her bewegte dort

lejos, en el Ministerio del Interior. Vivía en un pueblo cercano,
weit entfernt in dem Innenministerium [Er] lebte in einem Dorf nahen

casado con la mujer que le impulsó a matar por vez primera, rodeado
verheiratet mit der Frau die ihn [dazu] bewegte zu töten zum Mal ersten umgeben

de hijos, paternal, bondadoso, fumando cigarros con la Guardia Civil,
von Kindern väterlich gütig rauchend Zigarren mit der Guardia Civil

que obedecía órdenes superiores, y cuando a raíz de alguna hazaña
die befolgte Anordnungen höhere und wenn auf Grund von irgendeiner Heldentat

había que fingir que le perseguían, pasaba algunos días cazando
[er] musste vorgeben dass [sie] ihn verfolgten [er] verbrachte einige Tage jagend

en el monte.
in dem Gebirge

Había que ver cómo le obsequiaban y atendían durante la
[Man] musste sehen wie [sie] ihn zuvorkommend behandelten und bedienten während der

"paella" los notables del distrito. «"Bolsón", este pedazo de pollo;
Paella die Honoratioren von dem Bezirk Bolsón dieses Stück von [dem] Hähnchen
el notable = angesehener Bürger, besonders in kleineren Orten

"Bolsón", un trago de vino.» Y hasta los curas, riendo con un "¡jo jo!"
Bolsón ein Schluck von [dem] Wein Und sogar die Pfarrer lachend mit einem ho ho

bondadosote, le daban palmaditas en la espalda, diciendo
sehr gütigen ihm gaben leichte Schläge auf den Rücken sagend

paternalmente: «"¡Ay Bolsonet, qué mal eres!"»
väterlich Ach kleiner großer Bolsón was [für ein] Übel [du] bist

Por él se celebraba aquella fiesta. Sólo por él se había detenido en la
Wegen ihm wurde gefeiert dieses Fest Nur wegen ihm [--] hatte verweilt bei der

cabeza del distrito el majestuoso don José, de paso para Valencia.
Führung von dem Bezirk der majestätische Don José auf der Durchreise nach Valencia

Quería tranquilizarle y que cesase en sus quejas, cada vez más
[Er] wollte beruhigen ihn und dass [er] aufhörte mit seinen Beschwerden immer mehr

alarmantes. Como premio por sus atropellos en las elecciones, le había
alarmierenden Als Prämie für seine Ungerechtigkeiten bei den Wahlen [er] ihm hatte

prometido el indulto, y "Bolsón", que se sentía viejo y ansiaba
versprochen die Begnadigung und Bolsón der sich fühlte alt und sehnte sich danach

vivir tranquilo como un labrador honrado, obedecía al señor
[zu] leben ruhig wie ein Bauer ehrenhafter sich fügte dem Herrn

todopoderoso, creyendo en su rudeza que cada barbaridad, cada
allmächtigen glaubend an seine Rüdheit dass jede Barbarei jedes

crimen, aceleraba su perdón.
Verbrechen beschleunigte seine Begnadigung

Pero pasaban los años, todo eran promesas, y el "roder", creyendo
Aber vergingen die Jahre alles waren Versprechen und der Roder glaubend

firmemente en la omnipotencia del diputado, achacaba a desprecio o
fest an die Allmacht von dem Abgeordneten schrieb zu [der] Verachtung oder

descuido la tardanza del indulto. La sumisión trocose en
Unachtsamkeit die Verzögerung von der Begnadigung Die Unterwürfigkeit verwandelte sich in

amenaza, y don José sintió el miedo del domador ante la fiera que se
Drohung und Don José fühlte die Angst von dem Dompteur vor der Bestie die

rebela. El "roder" le escribía a Madrid todas las semanas con tono
rebelliert Der Roder ihm schrieb nach Madrid jede Woche mit [einem] Ton

amenazador. Y estas cartas, garrapateadas por la sangrienta zarpa de
drohenden Und diese Briefe gekritzelt von dieser blutrünstigen Pfote von

aquel bruto, acabaron por obsesionarle, por obligarle a marchar al
diesem Rohling schließlich ständig plagten ihn [hier] weil [sie] zwangen ihn zu gehen in den

distrito. Había que verles después de la "paella", hablando en un
Bezirk [Man] musste sehen sie nach der Paella sprechend in einer

rincón del huerto; el diputado, obsequioso y amable. "Bolsón",
Ecke vom Gemüsegarten der Abgeordnete zuvorkommend und freundlich Bolsón

cejijunto y malhumorado.
finster blickend und schlecht gelaunt

— He venido sólo por verte— decía don José, recalcando el honor
[Ich] habe gekommen nur um zu sehen dich sagte Don José betonend die Ehre

que le concedía con su visita— . ¿Pero qué son esas prisas? ¿No estás
die [er] ihm zugestand mit seinem Besuch Aber was ist diese Eile [Du] nicht befindest

bien, querido Quico? Te he recomendado al gobernador de la
dich gut lieber Quico [Ich] dich habe empfohlen dem Provinzgouverneur

estás bien = es geht dir gut

provincia; la Guardia Civil nada te dice... ¿qué te falta? Nada y todo.
die Guardia Civil nichts dir sagt was dir fehlt Nichts und alles

Es verdad que no le molestaban, pero aquello era inseguro, podían
[Es] ist wahr dass [sie] nicht ihn belästigten aber das war unsicher konnten

cambiar los tiempos y tener que volver al monte. Él quería lo
sich ändern die Zeiten und [er] haben zu zurückkehren in das Gebirge Er wollte das

tener que = müssen

prometido: el indulto, y formulaba su pretensión tan
Versprochene: die Begnadigung und [er] formulierte seinen Anspruch so

pronto en valenciano como en un castellano de pronunciación
schnell in Valencianisch wie in einem Hochspanisch mit [einer] Aussprache

ininteligible. — Lo tendrás, hombre, lo tendrás. Está al caer; un día
unverständlichen [Du] sie haben wirst Mann [du] sie haben wirst [Sie] steht bevor ein Tag

de estos será.
von diesen [es] sein wird

un día de estos = in den nächsten Tagen

Sonrió "Bolsón" con ironía cruel. No era tan tonto como le creían.
Lächelte Bolsón mit Ironie grausamer [Er] nicht war so dumm wie [sie] ihn glaubten

Había consultado a un abogado de Valencia, que se había reído de él
[Er] hatte sich beraten mit [--] einem Anwalt aus Valencia der hatte gelacht über ihn

y del indulto. Tenía que dejarse coger, cargarse con paciencia los
und über die Begnadigung [Er] musste lassen sich fassen aufladen sich mit Geduld die

doscientos o trescientos años que podrían salirle en
zweihundert oder dreihundert Jahre die könnten herauskommen [für] ihn in

innumerables sentencias, y cuando hubiese extinguido una parte de
unzähligen Urteilen und wenn [er] hätte [hier:] verbüßt einen Teil von [der]

presidio, como quien dice de aquí a cien años, podría venir el tal
Gefängnisstrafe wie wer sagt von hier in hundert Jahren könnte kommen die besagte

como quien dice = sozusagen

de aquí a ocho días = heute in acht Tagen

indulto. ¡Recristo! Basta de broma: de él no se burlaba nadie.
Begnadigung Verflucht [Es] reicht mit Scherzen: Über ihn [--] sich lustig machte niemand

El diputado se inmutó viendo casi perdida la confianza del "roder".
Der Abgeordnete sich erschüttern ließ sehend fast verloren das Vertrauen von dem Roder

— Ese abogado es un ignorante. ¿Crees tú que para el gobierno hay
Dieser Anwalt ist ein Ignorant Glaubst du dass für die Regierung [es] gibt

algo imposible? Cuenta con que pronto saldrás de penas: te
etwas Unmögliches Rechne damit dass [du] bald herauskommen wirst aus [der] Strafe: [Ich] dir

lo juro. Y le anonadó con su charla; le encantó con su palabrería,
es schwöre Und [er] ihn verblüffte mit seinem Geplauder ihn entzückte mit seinem Geplapper

conociendo de antiguo el poder de sus habilidades de parlanchín
kennend von früher die Macht von seiner Geschicklichkeit von [einem] Schwätzer

de antiguo = von jeher

sobre aquella cabeza fosca. Recobró el "roder" poco a poco su
über diesen Kopf bärbeißigen Wieder erlangte der Roder nach und nach sein

confianza en el diputado. Esperaría; pero un mes nada más. Si
Vertrauen in den Abgeordneten [Er] warten würde aber einen Monat nichts weiter Wenn

después de este plazo no llegaba el indulto, no escribiría, no
nach   dieser Frist nicht kam   die Begnadigung [er] nicht schreiben würde nicht [ihn]

molestaría más. Él era un diputado, un gran señor, pero para las balas
belästigen würde mehr Er war ein Abgeordneter ein großartiger Herr aber für die Kugeln

sólo   hay hombres.
nur [es] gibt   Menschen

Y despidiéndose con esta amenaza,   requirió el retaco y saludó a toda
Und verabschiedend sich mit dieser   Drohung [er] beanspruchte das Gewehr und grüßte [--] ganze

la reunión.   Regresaba a su pueblo; quería aprovechar la tarde, pues
die Versammlung [Er] kehrte zurück in sein Dorf   wollte   nutzen   den Nachmittag denn

hombres como él sólo corren los caminos de noche cuando   hay
Männer   wie er nur laufen   die   Wege   nachts   wenn [es] gibt

necesidad. Le acompañaba el carnicero de su pueblo, un   mocetón
Bedarf   Ihn begleitete   der Fleischer aus seinem Dorf ein strammer Bursche

admirador de su fuerza y su destreza, un satélite que le seguía a todas
bewundernd [--] seine Kraft und seine Geschicklichkeit ein Begleiter der ihm folgte   überallhin

partes. El diputado los despidió con afabilidad felina. — Adiós,
Der Abgeordnete sie verabschiedete mit Umgänglichkeit katzenartiger Auf Wiedersehen

querido Quico— dijo estrechando la mano del "roder"— .   Calma,
lieber   Quico [er] sagte   schüttelnd   die Hand von dem Roder [Immer mit der] Ruhe

que pronto   saldrás   de penas. Que estén buenos tus chicos: y dile
denn [du] bald herauskommen wirst aus [der] Strafe Dass   seien wohlauf deine Kinder Und sag ihr

a tu mujer que   aún recuerdo lo bien que me trató cuando estuve en
[--] deiner Frau dass [ich] noch mich erinnere wie gut [sie] mich behandelte als [ich] war in

vuestra casa.
eurem   Haus

El "roder" y su   acólito tomaron asiento en la tartana de su pueblo,
Der Roder und sein treuer Begleiter   nahmen Platz   in dem Planwagen von ihrem Dorf

la tartana = überdachtes, zweirädriges Fuhrwerk

entre tres vecinas que saludaron con afecto al "siñor Quico" y unos
zwischen drei Nachbarinnen die   grüßten   mit Zuneigung den Siñor Quico und ein

cuantos chicuelos que pasaban las manos por el cargado retaco como
paar   kleinen Kindern die strichen [mit] den Händen über das geladene Gewehr als

si fuese una santa imagen. La tartana avanzaba dando tumbos por
ob [es] wäre ein heiliges Bild Der Planwagen fuhr entlang   taumelnd   zwischen

la imagen (de un santo / de una santa) = das Heiligenbild

entre los huertos de naranjos, cargados de flor de azahar. Brillaban las
den Gärten von Orangenbäumen beladen mit Orangenblüten Funkelten die

acequias,   reflejando el dulce sol de la tarde, y por el espacio
Bewässerungsgräben widerspiegelnd die süße Sonne von dem Nachmittag und durch den Raum

pasaba la tibia respiración de la primavera impregnada de perfumes y
zog der laue Atem   von dem Frühling   erfüllt   von Düften und

rumores. "Bolsón" iba contento. Cien veces   le habían prometido el
Geräuschen Bolsón war zufrieden Hundert Mal [sie] ihm hatten   versprochen die

indulto, pero ahora era de veras. Su admirador y escudero le oía
Begnadigung aber jetzt [es] war wirklich Sein Bewunderer und Diener ihm hörte zu

silencioso. Vieron en el camino una pareja de la Guardia Civil, y
still [Sie] sahen an dem Weg ein Paar von der Guardia Civil und

"Bolsón" la saludó amablemente.
Bolsón es grüßte freundlich

En una revuelta apareció una segunda pareja, y el carnicero moviose
In einer Krümmung erschien ein zweites Paar und der Fleischer bewegte sich

en su asiento como si le pinchasen. Eran muchas parejas en camino
auf seinem Sitzplatz als ob [sie] ihn stächen [Es] waren viele Paare auf [einem] Weg

tan corto. El "roder" le tranquilizó. Habían concentrado la fuerza del
so kurzen Der Roder ihn beruhigte [Sie] hatten konzentriert die Polizeikräfte von

distrito por el viaje de don José. Pero un poco más allá encontraron la
dem Bezirk wegen der Reise von Don José Aber ein wenig weiter [sie] begegneten dem

tercera pareja, que, como las anteriores, siguió lentamente al carruaje,
dritten Paar das wie die vorigen folgte langsam dem Fuhrwerk

y el carnicero no pudo contenerse más. Aquello le olía mal. ¡"Bolsón",
und der Fleischer nicht konnte zurückhalten sich mehr Dies ihm stank Bolsón

aún era tiempo! A bajar en seguida; a huir por entre los campos hasta
noch war Zeit [Wir] [--] steigen ab sofort um zu fliehen durch die Felder bis [wir]

ganar la sierra. Si nada iba con él, podía volver por la noche a
erreichen das Gebirge Wenn nichts passierte mit ihm [er] konnte zurückkehren abends nach

casa. — "Sí, siñor Quico, sí"— decían las mujeres asustadas.
Haus Ja Siñor Quico ja sagten die Frauen erschrockenen

Pero el "siñor Quico" se reía del miedo de aquellas gentes. — "Arrea,
Aber der Siñor Quico lachte über die Angst von diesen Leuten Tempo

tartanero... arrea." Y la tartana siguió adelante, hasta que de repente
Kutscher Tempo Und der Planwagen fuhr weiter bis plötzlich
el tartanero = der Lenker der "tartana"

saltaron al camino quince o veinte guardias, una nube de tricornios
sprangen auf den Weg fünfzehn oder zwanzig Polizisten eine Wolke von Dreispitzen
el tricornio = Uniform-Hut der Guardia Civil, dessen Rand dreiseitig hochgeklappt ist

con un viejo oficial al frente. Por las ventanillas entraron las bocas de
mit einem alten Beamten an der Spitze Durch die Fenster kamen herein die Mündungen von

los fusiles apuntando al "roder", que permaneció inmóvil y sereno,
den Gewehren zielend auf den Roder der blieb bewegungslos und gelassen

mientras que mujeres y chiquillos se arrojaban chillando al fondo
während Frauen und Kinder sich warfen kreischend auf den Boden

del carruaje. — "Bolsón", baja o te matamos— dijo el teniente.
von dem Fuhrwerk Bolsón steig ab oder [wir] dich töten sagte der Leutnant

55

Bajó el "roder" con su satélite, y antes de poner pie en tierra ya
Stieg ab der Roder mit seinem Begleiter und bevor [er] setzte [den] Fuß auf [die] Erde [sie] schon

le habían quitado sus armas. Aún estaba impresionado por la charla
ihm hatten abgenommen seine Waffen [Er] noch war beeindruckt von dem Geplauder

de su protector, y no pensó en hacer resistencia por no imposibilitar su
von seinem Beschützer und nicht dachte daran [zu] leisten Widerstand um nicht [zu] verhindern seine

famoso indulto con un nuevo crimen. Llamó al carnicero, rogándole
glanzvolle Begnadigung mit einem neuen Verbrechen [Er] rief den Fleischer bittend ihn

que corriese al pueblo para avisar a don José. Sería un error, una
dass [er] liefe in das Dorf um zu Bescheid geben [--] Don José [Es] sein würde ein Irrtum ein

orden mal dada. Vio el mocetón cómo se le llevaban a empujones a
Befehl falsch gegebener Sah der stramme Bursche wie [sie] ihn führten mit Stößen zu

un naranjal inmediato, y salió corriendo camino abajo por entre
einem Orangenhain in unmittelbarer Nähe und eilte davon [den] Weg hinunter zwischen

aquellas parejas, que cerraban la retirada a la tartana. No corrió
jenen Paaren die versperrten den Rückweg [--] dem Planwagen [Er] nicht rannte

mucho. Montado en su jaco encontró a uno de los alcaldes que
viel Reitend auf seinem Klepper [er] fand [--] einen von den Bürgermeistern die

habían estado en la fiesta... ¡Don José! ¿Dónde estaba don José?
hatten sich befunden auf dem Fest Don José Wo befand sich Don José

El rústico sonrió como si adivinara lo ocurrido... Apenas se fue
Der Bauer lächelte als ob [er] erriete das Geschehen Kaum war fortgegangen

"Bolsón", el diputado había salido a escape para Valencia. Todo lo
Bolsón der Abgeordnete hatte abgefahren zu Flucht nach Valencia Alles es
a escape = flugs

comprendió el carnicero: la fuga, la sonrisa de aquel tío y la mirada
begriff der Fleischer: das Entkommen das Lächeln von diesem Typen und der Blick

burlona del viejo teniente cuando el "roder" pensaba en su protector,
höhnische vom alten Leutnant als der Roder dachte an seinen Beschützer

creyendo ser víctima de una equivocación. Volvió corriendo al
glaubend [zu] sein Opfer von einem Fehler [Er] kehrte zurück rennend zum

huerto, pero antes de llegar, una nubecilla blanca y fina como vedija
Garten aber bevor [er] ankam ein Wölkchen weiß und zart wie [eine] Flocke

de algodón se elevó sobre las copas de los naranjos, y sonó una
von Baumwolle sich erhob über die Kronen von den Orangenbäumen und [es] ertönte ein

detonación larga y ondulada, como si se rasgase la tierra. Acababan
Knall langer und wellenartiger als ob risse die Erde [Sie] hatten soeben

de fusilar a "Bolsón".
erschossen [--] Bolsón

Le vio de espaldas sobre la roja tierra, con medio cuerpo a la sombra
[Er] ihn sah mit [dem] Rücken auf der roten Erde mit [dem] halben Körper in dem Schatten

56

de un naranjo, ennegrecido el suelo con la sangre que salía a
von einem Orangenbaum geschwärzt der Boden mit dem Blut das herauskam in

borbotones de su cabeza destrozada. Los insectos, brillando al sol
Sprudeln aus seinem Kopf zerstörten Die Insekten funkelnd in der Sonne

salir a borbotones = heraussprudeln

como botones de oro, balanceábanse ebrios de azahar en torno de sus
wie Knöpfe aus Gold schaukelnd trunken von Orangenblüte um herum seine

el botón de oro = die Butterblume

sangrientos labios. El discípulo se mesó los cabellos. ¡Recristo! ¿Así
blutigen Lippen Der Getreue sich raufte die Haare Verflucht So

se mataba a los hombres que son hombres? El teniente le puso una
werden getötet [--] die Männer die sind Männer Der Leutnant ihm legte eine

mano en el hombro. — Tú, aprendiz de "roder", mira cómo mueren
Hand auf die Schulter Du Lehrling von Roder sieh wie sterben

los pillos. El "aprendiz" se revolvió con fiereza, pero fue para mirar
die Gauner Der Lehrling sich drehte um mit Wildheit aber [es] war um zu blicken

a lo lejos, como si a través de los campos pudiera ver el camino de
in die Ferne als ob über die Felder [er] könnte sehen den Weg von

Valencia, y sus ojos, llenos de lágrimas, parecían decir: «Pillo, sí; pero
Valencia und seine Augen voll mit Tränen schienen [zu] sagen Gauner ja aber

más pillo es el que huye.»
mehr Gauner ist derjenige der flieht

En la boca del horno
In der Öffnung von dem Ofen

Como en Agosto Valencia entera desfallece de calor, los trabajadores
Sobald in [dem] August Valencia ganz ermüdet vor Hitze die Arbeiter

del horno se asfixiaban junto a aquella boca, que exhalaba el ardor de
von dem Ofen erstickten neben dieser Öffnung die ausströmte die Hitze von

un incendio. Desnudos, sin otra concesión a la decencia que un
einem Brand Nackt ohne anderes Zugeständnis an den Anstand als eine

blanco mandil, trabajaban cerca de las abiertas rejas, y aun así, su piel
weiße Schürze [sie] arbeiteten nah bei den offenen Gittern und sogar so ihre Haut

aun así = trotzdem

inflamada parecía liquidarse con la transpiración, y el sudor caía a
entzündete schien [zu] verflüssigen sich durch das Schwitzen und der Schweiß fiel in

gotas sobre la pasta, sin duda para que, cumpliéndose a medias la
Tropfen auf den Teig ohne Zweifel damit erfüllend sich zur Hälfte die

maldición bíblica, los parroquianos, ya que no con el sudor propio,
Verfluchung biblische die Stammkunden denn nicht mit dem Schweiß eigenen

se comieran el pan empapado en el ajeno.
äßen das Brot durchtränkte in dem fremden [Schweiß]

57

Cuando se descorría   la mampara de hierro que tapaba el horno, las
Wenn wurde zurückgezogen der Wandschirm aus Eisen der verdeckte den Ofen   die

llamas enrojecían las paredes, y su   reflejo, resbalando por los tableros
Flammen   röteten   die Wände und ihre Widerspiegelung gleitend über die Tischplatten

cargados de masa, coloreaba los blancos taparrabos y aquellos pechos
beladen mit Teig   färbte   die weißen Lendenschurze und diese   Brüste

atléticos y bíceps de gigante, que, espolvoreados de harina y brillantes
athletischen und Bizepse von [einem] Riesen die   bestäubt   mit Mehl und funkelnd

de sudor, tenían   cierta apariencia femenil.
vor Schweiß hatten [ein] gewisses Aussehen weibliches

Las palas se arrastraban dentro del horno, dejando sobre las ardientes
Die Schaufeln wurden gezogen   in dem   Ofen liegenlassend auf den glühenden

piedras los pedazos de pasta, o   sacando los panes cocidos, de rubia
Steinen die Stücke von Teig oder herausnehmend die Brote gebackenen mit goldgelber

corteza, que esparcían un humillo   fragante de vida; y mientras tanto,
Kruste   die verbreiteten ein Rauchschwädchen duftendes nach Leben und währenddessen

los cinco panaderos, inclinados sobre las largas mesas, aporreaban la
die fünf   Bäcker   geneigt   über die langen Tische heftig schlugen den

masa, la estrujaban como si fuese un lío de ropa mojada y retorcida y
Teig ihn quetschten als ob [er] wäre ein Bündel von Wäsche feuchter und gewundener und

la cortaban en piezas; todo sin levantar la cabeza, hablando con voz
ihn schnitten in Stücke alles ohne [zu] heben den Kopf   sprechend mit Stimme

entrecortada por la fatiga y entonando canciones lentas y monótonas,
stockender   vor [--] Erschöpfung und anstimmend Lieder langsame und monotone

que muchas veces quedaban sin terminar.
die   oft   blieben   unvollendet

A lo lejos sonaba la hora cantada por los serenos, rasgando vibrante la
In der Ferne erklang die Stunde gesungene von den Nachtwächtern zerreißend kraftvoll die

bochornosa calma de la noche estival; y los trasnochadores que volvían
schwüle   Ruhe von der Sommernacht und die Nachtschwärmer die zurückkehrten

del café o del teatro deteníanse un instante ante las rejas para ver en
vom Café oder vom Theater verweilten einen Augenblick vor den Gittern um zu sehen in

su antro a los panaderos, que, desnudos, visibles únicamente de
ihrer Höhle [--] die Bäcker   die   nackt   sichtbar   nur   ab [der]

cintura arriba, y teniendo por fondo la llameante boca del horno,
Taille aufwärts und habend als Hintergrund die lodernde Öffnung von dem Ofen

parecían ánimas en pena de un retablo del purgatorio; pero el calor, el
schienen zu sein Seelen in Qual von einem Altarbild vom Fegefeuer aber die Hitze der

un alma en pena = eine arme Seele
ser un retablo de dolores = vom Schicksal geschlagen sein

intenso perfume del pan y el vaho de aquellos cuerpos, dejaban pronto
intensive Duft vom Brot und der Dunst von diesen Körpern ließen bald

las rejas libres de curiosos y se restablecía la calma en el obrador.
die Gitter frei von Schaulustigen und sich wiederherstellte die Ruhe in dem Arbeitsraum

Era entre los panaderos el de más autoridad Tono el Bizco, un
War unter den Bäckern der mit am meisten Autorität Tono der Schieler ein

quedarse bizco = völlig überrascht / platt sein

mocetón que tenía fama por su mal carácter e insolencia brutal;
strammer Bursche der hatte [einen] Ruf für seinen schlechten Charakter und Unverschämtheit rohe

tener fama = berühmt sein

y eso que la gente del oficio no se distinguía por buena. Bebía, sin que
und dabei die Leute von dem Handwerk nicht sich auszeichneten als gute [Er] trank ohne dass

nunca le temblasen las piernas ni menos los brazos; antes bien, a éstos
[jemals] ihm zitterten die Beine ebenso wenig die Arme eher in diese

ni más ni menos = nicht mehr und nicht weniger

les entraba con el calor del vino un furor por aporrear, cual si todo el
[--] kam hinein mit der Wärme vom Wein eine Wut zu [dem] Schlagen als ob jedermann

mundo fuese una masa como la que aporreaban en el horno. En los
wäre ein Teig wie der den [sie] schlugen in dem Ofen In den

ventorrillos de las afueras temblaban los parroquianos pacíficos, como
Gasthäusern an dem Stadtrand zitterten die Stammkunden friedliebenden als

si se aproximara una tempestad, cuando le veían llegar de
ob sich näherte ein Sturm als [sie] ihn sahen kommen von [der]

merienda al frente de una cuadrilla de gente del oficio, que reía
Zwischenmahlzeit an der Spitze von einer Gruppe von Leuten vom Handwerk die lachten über

todas sus gracias.
alle seine Witze

Era todo un hombre. Paliza diaria a la mujer; casi todo el jornal en su
[Er] war ganzer ein Mann Prügel tägliche für die Frau fast ganzen den Tagelohn in seinem

bolsillo, y los chiquillos descalzos y hambrientos, buscando con ansia
Geldbeutel und die kleinen Kinder barfuß und hungrig suchend mit Verlangen

las sobras de la cena de aquella cesta que por las noches se llevaba
die Reste von dem Abendessen aus jenem Korb der abends wurde getragen

al horno. Aparte de esto, un buen corazón, que se gastaba el
zum Ofen Abgesehen davon [ein Mensch mit] einem guten Herzen der ausgab das

dinero con los compañeros, para adquirir el derecho de atormentarlos
Geld mit den Kameraden um zu erlangen das Recht zu plagen sie

con sus bromas de bruto. El dueño del horno le trataba con
mit seinen Scherzen von [einem] Rohling Der Besitzer vom Ofen ihn behandelte mit [einer]

cierto miramiento, como si le temiera, y los camaradas de trabajo,
gewissen Rücksicht als ob [er] ihn fürchtete und die Kameraden von [der] Arbeit

pobres diablos cargados de familia, se evitaban compromisos
arme Teufel beladen mit Familie vermieden Verbindlichkeiten

59

sufriéndolo con sonrisa amistosa.
ertragend ihn   mit   Lächeln freundschaftlichem

En el obrador, Tono tenía su víctima: el pobre "Menut", un
In dem Arbeitsraum Tono hatte sein Opfer der arme   Menut   ein
menut (Valencianisch) = klein

muchacho enclenque que meses antes aún era aprendiz, y al que los
Kerl   mickriger   der Monate vorher noch war Lehrling und den   die

camaradas reprendían por el excesivo afán de trabajo que mostraba
Kameraden   tadelten   für den übermäßigen   Arbeitseifer   den [er]   zeigte

siempre, ansiando un aumento de   jornal para poder casarse.
immer   herbeisehnend eine Erhöhung von [dem] Tagelohn um zu können verheiraten sich

¡Pobre "Menut"! Todos los compañeros, influidos por esa adulación
Armer   Menut   Alle   [--]   Kollegen   beeinflusst von dieser Schmeichelei

instintiva en los cobardes, celebraban alborozados las bromas que
instinktiven bei den Feiglingen freuten sich über   vergnügt   die   Späße   die

Tono se permitía con él. Al buscar sus ropas terminado el trabajo,
Tono sich erlaubte mit ihm Als [er] holte seine Kleidung beendet   die Arbeit

encontrábase en los bolsillos cosas nauseabundas; recibía en pleno
fanden sich   in den Taschen   Dinge   ekelerregende   [er] bekam in mitten [das]

rostro bolas de pasta, y siempre que el mocetón pasaba por detrás de
Gesicht Kugeln aus Teig und immer wenn   der stramme Bursche ging vorbei   hinter

él, dejaba caer sobre su encorvado espinazo la poderosa manaza,
ihm [er] ließ fallen auf sein gebeugtes   Rückgrat die mächtige   Hand

como si se desplomara medio techo. El "Menut" callaba resignado.
als ob   einstürzte [die] halbe Decke Der Menut   schwieg resigniert

¡Ser tan   poquita cosa ante los puños de aquel bruto, que le había
[Zu] sein so [eine] kleine Sache vor den Fäusten von diesem Rohling der ihn hatte
poquita cosa = unbedeutend

tomado como un juguete!
genommen wie ein Spielzeug

Un domingo por la noche, Tono llegó muy alegre al horno. Había
Eines Sonntags   abends   Tono kam sehr fröhlich zum   Ofen [Er] hatte

merendado en la playa; sus ojos tenían un jaspeado sanguinolento, y
gevespert   an dem Strand seine Augen hatten eine Marmorierung   bluthaltige   und
ojos sanguinolentos = blutunterlaufene Augen

al respirar lo impregnaba todo de ese hedor de chufas que delata una
beim Atmen [er] [--]   erfüllte   alles mit diesem Gestank nach Erdmandeln der verrät eine

pesada digestión de vino. ¡Gran noticia! Había visto en un merendero
schwerfällige Verdauung von Wein Großartige Nachricht [Er] hatte gesehen an einem Picknickplatz

al "Menut", a aquel ganso que tenía delante. Iba   con su novia:
den   Menut   [--] diesen Dummkopf den [er] hatte vor sich [Er] ging [dort] mit seiner Freundin

60

una gran chica. ¡Vaya con el gusano tísico! Bien había sabido
ein großartiges Mädchen So [ein] [--] Wurm schwindsüchtiger Gut [er] [sie] hatte gewusst

escoger. Y entre las risotadas de sus compañeros, describía a la
aus[zu]suchen Und zwischen dem Gelächter von seinen Kollegen [er] beschrieb [--] das

pobre muchacha con minuciosidad vergonzosa, como si la hubiera
arme Mädchen mit Genauigkeit beschämender als ob [er] sie hätte

desnudado con la mirada.
ausgezogen mit dem Blick

El "Menut" no levantaba la cabeza, absorto en su trabajo; pero estaba
Der Menut nicht hob den Kopf versunken in seine Arbeit aber [er] war

pálido, como si dentro del estómago se revolviera la merienda
bleich als ob in dem Magen sich umdrehte die Zwischenmahlzeit

mordiéndole. No era el de todas las noches: también él olía a
beißend ihn Nicht war der [Magen] wie jede Nacht Auch er roch nach

chufas, y varias veces sus ojos, apartándose de la masa, se
Erdmandeln und mehrmals seine Augen wandten ab sich von dem Teig sich

encontraron con la mirada bizca y socarrona del tirano. De él podía
trafen mit dem Blick schielenden und sarkastischen von dem Tyrannen Über ihn [er] konnte

decir cuanto quisiera: estaba acostumbrado; ¿pero hablar de su
sagen wie viel [er] wollte: [Er] war gewöhnt [daran] aber [zu] sprechen von seiner

novia?... ¡Cristo!... El trabajo resultaba aquella noche más lento y
Freundin Herrgott Die Arbeit war jene Nacht mehr langsam und

fatigoso. Pasaban las horas sin que adelantasen gran cosa los brazos,
anstrengend Vergingen die Stunden ohne dass [sie] vorwärts brächten viel die Arme

torpes y cansados por la fiesta, a los que la masa parecía resistirse.
schwerfällig und müde wegen der Feier [--] denen der Teig schien stand[zu]halten

Aumentaba el calor: un ambiente de irritación se esparcía en torno de
Nahm zu die Hitze: Eine Stimmung von Verärgerung sich verbreitete um herum

los panaderos, y Tono, que era el más furioso, se desahogaba con
die Bäcker und Tono der war der am meisten wütende sich abreagierte mit

maldiciones. ¡Así se volviera veneno todo el pan de aquella noche!
Verwünschungen So würde [zu] Gift ganze das Brot von dieser Nacht

Rabiar como perros a la hora en que todo el mundo duerme, para
[Zu] wüten wie Hunde in der Zeit in der jedermann schläft um zu

poder comer al día siguiente unos cuantos pedazos de aquella masa
können essen an dem Tag folgenden ein paar Stücke von diesem Teig

indecente. ¡Vaya un oficio! Y enardecido por la constancia con que
anstößigen So ein Beruf Und entflammt von der Ausdauer mit der

trabajaba el "Menut", la emprendió con él, volviendo a sacar a ruedo
arbeitete der Menut [er] legte sich an mit ihm wieder hervorholend

la vuelta al ruedo = die Runde durch die Arena (Prämie für den Stierkämpfer)

61

la belleza de su novia.
die Schönheit von seiner Freundin

Debía casarse pronto. Les convenía a los amigos. Como él era un
[Er] sollte verheiraten sich bald [Es] [--] gehörte sich für die Freunde Da er war ein

bendito, un cualquier cosa, sin pelo de hombre siquiera... los
Trottel ein Irgendwas ohne [einem] Haar von [einem] Mann auch nur die

compañeros, ¿eh?... Los buenos mozos como él harían el favor...
Kameraden was Die guten Kerle wie er machen würden den Gefallen

hacer un favor a alguien = jemandem einen Gefallen tun

Y antes de terminar la frase guiñaba expresivamente sus ojos bizcos,
Und bevor [er] beendete den Satz [er] zwinkerte ausdrucksvoll [mit] seinen Augen schielenden

provocando la carcajada brutal de todos los camaradas. Pero duró
hervorrufend das Gelächter schonungslose von allen [--] Kameraden Aber dauerte

poco la alegría. El joven había lanzado un voto redondo, al mismo
kurz die Freude Der junge Mann hatte ausgestoßen ein Gelübde eindeutiges zu der gleichen

tiempo que una cosa enorme y pesada pasó silbando como un
Zeit als ein Ding riesiges und schweres vorüberflog pfeifend wie ein

proyectil por encima de la mesa, haciendo desaparecer la cabeza de
Geschoss über den Tisch lassend verschwinden den Kopf von

Tono, el cual vaciló y se agarró a los tableros, doblándose sobre una
Tono welcher wankte und sich klammerte an die Tischplatten beugend sich über ein

rodilla.
Knie

El "Menut", con una fuerza nerviosa, jadeante el angosto pecho y
Der Menut mit einer Kraft nervösen keuchend die enge Brust und

trémulos los brazos, le había arrojado a la cabeza todo un montón de
zitternd die Arme ihm hatte geworfen an den Kopf ganzen einen Haufen von

masa, y el mocetón, aturdido por el golpe, no sabía cómo
Teig und der stramme Bursche verblüfft durch den Schlag nicht wusste wie

despojarse de aquella máscara pegajosa y asfixiante. Le ayudaron los
ab[zu]streifen [war] diese Maske klebrige und erstickende Ihm halfen die

compañeros. El golpe le había destrozado la nariz, y un hililo de
Kollegen Der Schlag ihm hatte zerstört die Nase und ein Fädchen von

sangre teñía la blanca pasta. Pero Tono no se fijaba en ello,
Blut färbte den weißen Teig Aber Tono nicht sah an das

revolviéndose como un loco entre los brazos de sus compañeros y
hin und her drehend sich wie ein Verrückter zwischen den Armen von seinen Kollegen und

pidiendo a gritos que le soltasen.
bittend mit Schreien dass [sie] ihn losließen

En eso pensaban. Todos habían visto que aquel maldito, en vez de
An das [sie] dachten Alle hatten gesehen dass dieser Verfluchte statt zu

abalanzarse sobre el "Menut", intentaba   llegar hasta el rincón donde
stürzen sich   auf den   Menut   versucht [zu] kommen bis zu der Ecke   wo

colgaban sus ropas, buscando, sin duda, la famosa   faca,   tan
hing   ihre Kleidung   suchend   ohne Zweifel das berühmte lange, spitze Messer so

conocida en las tabernas de las afueras. Hasta el encargado del horno
bekannte in den   Kneipen an dem Stadtrand   Sogar der Beauftragte für den Ofen

dejó quemarse una fila de panes para ayudar a contenerle, y nadie
ließ anbrennen eine Reihe von Broten um zu helfen   zu zurückhalten ihn und niemand

pensaba   sujetar al agresor, convencidos todos de que el infeliz
dachte [daran] fest[zu]halten den Aggressor   überzeugt   alle davon dass der Unglückliche

no había de pasar de su primer arrebato. Apareció el dueño del
nicht hatte zu verzichten auf seinen ersten   Anfall   Erschien der Besitzer vom

horno. ¡Qué   oído el de aquel tío! Le habían despertado los gritos y
Ofen   Was [für ein] Gehör das von diesem Typen Ihn hatten   geweckt   die Schreie und

el pataleo, y allí   estaba, casi en paños menores.
das Trampeln und dort [er] befand sich fast in   Unterwäsche

Todos volvieron a su trabajo, y la sangre de Tono desapareció en las
Alle   kehrten zurück zu ihrer Arbeit und das Blut   von Tono   verschwand   in dem

entrañas de la pasta, vuelta a sobar. El mocetón mostrábase benévolo,
Innersten von dem Teig   wieder gekneteten Der stramme Bursche zeigte sich wohlwollend

con una bondad que daba frío. No había ocurrido nada: una broma de
mit einer   Güte   die hervorrief Kälte [Es] [--] hatte geschehen nichts ein   Spaß von

las que se ven todos los días. Cosas de chicos, que los hombres
denjenigen die man sieht   jeden Tag   Dinge von Jungen   die die Menschen

deben perdonar. Y   era sabido... ¡entre compañeros!... Y siguió
müssen   verzeihen Und [es] war bekannt   unter   Kollegen   Und [er] weiter

trabajando, pero con más ardor, sin levantar la cabeza, deseando
arbeitete   aber mit mehr Eifer ohne [zu] heben den Kopf   wünschend

acabar cuanto antes. El "Menut" miraba a todos fijamente y
auf[zu]hören so bald wie möglich Der Menut   blickte an [--] alle   fest   und
encogerse de hombros = die Achseln zucken

se encogía de   hombros con   cierta arrogancia, como si, rota ya
zuckte zusammen mit [den] Schultern mit [einer] gewissen Arroganz als ob gebrochen bereits

su timidez,   le costara trabajo volver a recobrarla.
seine Schüchternheit [es] ihn koste Arbeit   wieder[zu]erlangen sie

Tono fue el primero en   vestirse y salió acompañado hasta la puerta
Tono war der Erste   bei [dem] Anziehen und ging hinaus begleitet   bis zu der Tür

por los buenos consejos del amo, que él agradecía con cabezadas de
von den guten Ratschlägen vom Besitzer dem er   dankte   mit Nicken von

aprobación. Cuando se fue el "Menut",   media hora después, los
Zustimmung   Als fortging der Menut   [eine] halbe Stunde später die

63

camaradas le acompañaron.   Le hicieron mil ofrecimientos.   Ellos
Kameraden ihn   begleiteten   [Sie] ihm   machten tausend   Angebote   Sie

se encargarían   de ajustar las paces por la noche; pero mientras tanto,
übernehmen würden [es] zu vereinbaren den Frieden   nachts   aber inzwischen [befand er sich]

quieto en   casa, y   a   evitar un   mal encuentro, no saliendo en todo
ruhig   in [dem] Haus und um zu vermeiden eine schlechte Begegnung   nicht hinausgehend [--] ganzen

el día. Despertábase la ciudad.   El sol enrojecía los aleros;   retirábanse
den Tag   Erwachte   die   Stadt   Die Sonne   rötete   die Vordächer   zogen zurück sich

en busca del   relevo los guardias de la noche, y en las calles sólo se
auf [der] Suche nach der Ablösung die   Polizisten   von der Nacht und auf den Straßen   nur   man

veían las huertanas cargadas de cestas   camino del Mercado. Los
sah   die Gemüsegärtner   beladen   mit Körben [auf dem]   Weg   zum   Markt   Die

panaderos abandonaron al "Menut" en la puerta de su casa.
Bäcker   verließen   den   Menut   an der   Tür   von seinem Haus

Vio cómo se alejaban, y aún permaneció un rato inmóvil, con la llave
[Er] sah wie [sie] sich entfernten und noch   blieb   eine Weile bewegungslos mit dem Schlüssel

en la cerraja, como si gozara viéndose solo y sin protección. Por fin se
in dem   Schloss   als ob [er es] genösse sehend sich   allein und ohne   Schutz   Endlich [er] sich

había convencido de que era un hombre; ya no sentía crueles dudas y
hatte   überzeugt davon dass [er] war ein   Mann   nicht mehr fühlte grausame Zweifel und

sonreía satisfecho al recordar   el   aspecto   del   mocetón
lächelte   zufrieden   als [er] sich erinnerte an das Erscheinungsbild von dem   strammen Burschen

cayendo de rodillas y chorreando sangre. ¡Granuja!...   ¡Hablar tan
fallend   auf [die] Knie und   triefend   Blut   Gauner   [Zu] sprechen so

chorrear sangre = bluten

libremente de su novia! No;   no quería arreglos con él. Al dar la vuelta
frei   von seiner Freundin Nein [er] nicht wollte [eine] Klärung mit ihm   Als [er] herumdrehte

a la llave   oyó que   le llamaban: — "¡Menut!" "¡Menut!" Era
den Schlüssel [er] hörte dass [sie] ihn   riefen   Menut   Menut   [Es] war

Tono, que salía   de detrás de una esquina. Mejor: le esperaba. Y junto
Tono   der hervorkam von   hinter   einer   Ecke   Besser: [Er] ihn erwartete Und nebst

con un temblorcillo instintivo,   experimentó   cierta satisfacción. Le
einem [kleinen] Zittern   instinktiven   [er]   fühlte   [eine] gewisse Zufriedenheit [Es] ihm

dolía que le perdonasen el golpe, como si fuera él un irresponsable.
tat weh dass [sie] ihm   verziehen   den Schlag   als ob   wäre er ein Unverantwortlicher

Al ver   la actitud agresiva de Tono,   púsose en guardia, como un
Als [er] sah die Haltung aggressive von   Tono   [er]   nahm sich in Acht   wie   ein

gallito encrespado, pero los dos se contuvieron, notando que llamaban
Hähnchen gesträubtes   aber   die zwei sich   hielten zurück   bemerkend dass [sie] lenkten

la atención   de algunos albañiles que con el saquito al hombro
auf sich die Aufmerksamkeit von   einigen   Maurern   die   mit dem Säckchen auf der Schulter

pasaban   camino del andamio.   Se hablaron en voz baja, con
vorbeigingen [auf dem] Weg   zum   Gerüst [Sie] miteinander redeten mit Stimme leiser   mit

frialdad, como dos buenos amigos, pero cortando las palabras como si
Gleichgültigkeit wie zwei gute   Freunde aber   kürzend die Worte   als ob
                                  morder palabras = murmeln

las mordieran. Tono venía a arreglar rápidamente el asunto: todo
[sie] sie abbissen Tono kam um zu regeln   schnell   die Angelegenheit: Alles

se reducía a   decirse dos palabritas en sitio retirado.   Y
sich beschränkte darauf, [zu] sagen sich zwei   Wörtchen an [einem] Ort zurückgezogenen Und

como hombre generoso, incapaz de ocultar la extensión de la
als   Mann   großzügiger   unfähig zu verbergen den Umfang von der

entrevista, preguntó al muchacho: — "¿Tienes herramienta?"
Besprechung [er] fragte den   Jungen   [Du] hast [ein] Werkzeug

¿Él herramienta?   No era de los guapos que van a todas horas con la
Er Werkzeug   [Er] nicht war von den Raufbolden die gehen jederzeit   mit dem

navaja sobre los riñones. Pero tenía arriba un cuchillo que fue de su
Taschenmesser über den Nieren Aber [er] hatte oben ein Messer das gehörte seinem

padre, e iba por él: un momento de espera nada más. Y abriendo el
Vater und ging um es einen Moment [--] Geduld nichts weiter Und öffnend den
                                  ir por = holen

portal,   se lanzó por la angosta escalerilla, llegando en un vuelo a
Eingangsbereich [er] sich stürzte auf die schmale kleine Treppe gelangte in einem Flug zu

lo más alto.   Bajó a los pocos minutos, pero pálido e inquieto.
dem am meisten hohen [Er] stieg herab nach [--] wenigen Minuten aber bleich und unruhig

Le había recibido su madre, que estaba arreglándose para ir a
Ihn hatte empfangen seine Mutter die gerade zurecht machte sich um zu gehen zu [der]

misa y al Mercado. La pobre vieja extrañaba aquella salida, y había
Messe und zum Markt Die arme Alte erstaunte   dieser Aufbruch und [er] hatte

tenido que engañarla con penosas mentiras. Pero ya estaba él allí con
müssen täuschen sie mit mühseligen Lügen Aber schon befand sich er hier mit

todo su arreglo. Cuando Tono quisiera... ¡andando!
ganzen seiner Aufmachung Wenn Tono wollte also los

No encontraban una calle desierta. Abríanse las puertas, arrojando la
[Sie] nicht fanden   eine Straße leere Geöffnet wurden die Türen hinausstoßend die

fétida atmósfera de la noche, y las escobas arañaban las aceras,
übelriechende Luft von der Nacht und die Besen kratzten   die Bürgersteige

lanzando nubecillas de polvo en los rayos oblicuos de aquel sol rojo,
werfend Wölkchen von Staub auf die Strahlen schrägen von jener Sonne roten

que asomaba al extremo de las calles como por una brecha.
die sichtbar wurde an dem Ende von den Straßen wie durch eine Kluft

En todas partes guardias que les miraban con ojos vagos, como si aún
Überall   Polizisten die sie anblickten mit Augen trägen als ob [sie] noch

no estuvieran despiertos; labradores que, con la mano en el ronzal,
nicht wären wach Bauern die mit der Hand an dem Halfterstrick

guiaban su carro de verduras, esparciendo en las calles la fresca
führten ihr Fuhrwerk mit Gemüse verbreitend in den Straßen den frischen

fragancia de los campos; viejas arrebujadas en su mantilla, acelerando
Duft von den Feldern alte Frauen zerknitterte in ihrer Mantille beschleunigend

la mantilla = um Kopf und Schultern getragener Spitzenschleier

el paso como espoleadas por los esquilones que volteaban en las
den Schritt wie angetrieben von den Glocken die läuteten in den

el esquilón = bestimmter Glockentyp

iglesias próximas; gente, en fin, que al verles metidos en el negocio,
Kirchen nahen Leute kurz und gut die als [sie] sahen sie gesteckt in die Angelegenheit

estar metido en algo = in etwas stecken

chillaría o se apresuraría a separarles. ¡Qué escándalo! ¿Es que
kreischen würden oder sich beeilen würden zu trennen sie Was [für ein] Skandal [Es] Ist dass

¡qué escándalo! = das ist ja unglaublich!

dos hombres de bien no podían pegarse con tranquilidad en toda una
zwei Ehrenmänner nicht konnten schlagen sich in aller Ruhe in ganzen einem

Valencia?
Valencia

En las afueras, el mismo movimiento. La mañana, con su exceso de
An dem Stadtrand die gleiche Bewegung Der Morgen mit seinem Übermaß an

luz y actividad, envolvía a los dos trasnochadores, como para
Licht und Geschäftigkeit umhüllte [--] die zwei Nachtschwärmer wie um zu

avergonzarles por su empeño. El "Menut" sentía cierto decaimiento,
beschämen sie für ihren Eifer Der Menut spürte [eine] gewisse Niedergeschlagenheit

y hasta probó a hablar. Reconocía su imprudencia. Había sido el vino
und sogar probierte zu sprechen [Er] räumte ein seine Fahrlässigkeit [Es] hatte gewesen der Wein

y su falta de costumbre; pero debían pensar como hombres, y lo
und sein Mangel an Gewohnheit aber [sie] mussten denken wie Männer und das

pasado... pasado. ¿No pensaba Tono en su mujer y los chiquillos, que
Vergangene vergangen Nicht dachte Tono an seine Mutter und die kleinen Kinder die

podían quedar más desamparados que estaban? Él aún estaba viendo
konnten bleiben mehr hilflos als [sie] waren Er immer noch sah

a su viejecita y la mirada ansiosa con que le siguió al abandonarla.
[--] seine kleine Alte und den Blick beunruhigten mit dem [sie] ihm folgte als [er] verließ sie

¿Qué comería la pobre si se quedaba sin hijo? Pero Tono no le dejó
Was essen würde die Arme wenn sie zurückbliebe ohne Sohn Aber Tono nicht ihn ließ

acabar. ¡Gallina! ¡Morral! ¿Y para contarle todo aquello iban vagando
beenden Feigling Grobian Und um zu erzählen ihm alles dieses [sie] gingen umherstreifend

por las calles? Ahora mismo le rompía la cara.
durch die Straßen Jetzt gleich [er] ihm zerschlagen würde das Gesicht

El "Menut" se hizo atrás para evitar el golpe. También él mostró
Der Menut ging nach hinten um zu ausweichen dem Schlag Auch er zeigte [ein]

deseos de agarrarse allí mismo; pero se contuvo viendo una tartana
Verlangen zu zanken sich gleich dort aber [er] sich hielt zurück sehend einen Planwagen

que se aproximaba lentamente, balanceándose sobre los baches de la
der sich näherte langsam schaukelnd über den Schlaglöchern von der

ronda y con su conductor todavía adormecido. — "¡Che, tartanero...
Ringstraße und mit dem Wagenlenker noch schläfrigen He Kutscher

para!" Y abalanzándose a la portezuela, la abrió con estrépito e invitó
halt an Und stürzend sich zu der Wagentür [er] sie öffnete mit Getöse und forderte auf

a subir a Tono, que retrocedía con asombro. Él no tenía dinero: ni
zu aufsteigen [--] Tono der zurückwich mit Erstaunen Er nicht hatte Geld nicht

esto. Y metiéndose una uña entre los dientes, tiraba hacia afuera.
[einmal] das Und steckend sich einen Fingernagel zwischen die Zähne [er] zog nach außen

El joven quería terminar pronto. «Yo pagaré.» Y hasta ayudó a subir
Der junge Mann wollte abschließen bald Ich bezahlen werde Und [er] sogar half zu aufsteigen

a su enemigo, entrando después de él y subiendo con presteza las
[--] seinem Gegner eintretend nach ihm und hochziehend mit Schnelligkeit die

persianas de las ventanillas.
Jalousien von den Fenstern

— ¡Al hospital! El tartanero se hizo repetir dos veces la dirección, y
Zum Krankenhaus Der Kutscher sich ließ wiederholen zwei Mal die Adresse und

como le recomendaban que no se diera prisa, dejó rodar
da [sie] ihm empfahlen dass [er] nicht sich gäbe Eile [er] ließ rollen

darse prisa = sich beeilen

perezosamente su carruaje por las calles de la ciudad. Oyó ruido
träge sein Fuhrwerk durch die Straßen von der Stadt [Er] hörte Lärm

detrás de él, gritos ahogados, choque de cuerpos, como si se rieran
hinter ihm Schreie [hier] dumpfe [einen] Stoß von Körpern als ob [sie] lachten

haciéndose cosquillas, y maldijo su perra suerte, que tan mal
machend sich Kitzel und [er] verfluchte sein großes Pech dass so schlecht

hacer cosquillas = kitzeln

comenzaba el día. Serían borrachos, que, después de pasar la noche
begann der Tag [Es] sein würden Betrunkene die nachdem [sie] verbrachten die Nacht

pasar la noche en claro = eine schlaflose Nacht verbringen

en claro, en un arranque de embriaguez llorona no querían meterse en
in [dem] Hellen in einer Anwandlung von Betrunkenheit weinerlicher nicht wollten legen sich in

la borrachera llorona = der Katzenjammer

la cama sin visitar algún amigote enfermo. ¡Cómo le estarían
das Bett ohne [zu] besuchen irgendeinen Kumpel kranken Wie [sie] ihm würden

poniendo los asientos!
[hier] zurichten die Sitzplätze

La tartana pasaba lenta y perezosa por entre el movimiento matinal.
Der Planwagen fuhr langsam und träge durch die Bewegung morgendliche

Las vacas de leche, de monótono cencerro, husmeaban sus ruedas; las
Die Milchkühe mit monotoner Kuhglocke schnüffelten [an] seinen Rädern die

cabras, asustadas por el rocín, apartábanse sonando sus campanillas y
Ziegen   erschrocken über das Arbeitspferd wandten ab sich   läutend   ihre   Glöckchen   und

balanceando sus pesadas ubres; las comadres, apoyadas en sus
schaukelnd   ihre schweren Euter   die Klatschbasen   gestützt   auf ihre

escobas, miraban con curiosidad aquellas ventanillas cerradas, y hasta
Besen   blickten an   mit Neugier   diese   Fenster   verhangenen und sogar

un   municipal sonrió maliciosamente, señalándola a unos vecinos.
ein [Beamter] städtischer lächelte   boshaft   zeigend ihn [--] einigen Nachbarn

¡Tan temprano y ya andaban por el mundo amores "de contrabando"!
So   früh   und schon fuhren durch die   Welt Liebschaften von   Schmuggel

> los amores de contrabando = die heimliche Liebschaft

Cuando entró en el patio del Hospital, el tartanero saltó de su asiento,
Als [er] hineinfuhr in den Hof   vom Krankenhaus der Kutscher   sprang von seinem Sitzplatz

y acariciando su caballo esperó inútilmente que bajasen aquel par de
und tätschelnd   sein Pferd [er] wartete vergeblich   dass abstiege dieses Paar von

borrachos. Fue a abrir, y vio que por el estribo de hierro se deslizaban
Betrunkenen [Er] ging um zu öffnen und sah dass über das Trittbrett aus Eisen   flossen

hilos de sangre. — ¡Socorro! ¡Socorro!— gritó abriendo de un golpe.
Rinnsale von Blut   Hilfe   Hilfe   [er] schrie öffnend mit einem Stoß

> abrir de un golpe = aufreißen, aufstoßen

Entró la luz en el interior de la tartana. Sangre por todas partes. Uno
Trat ein das Licht in das Innere   von dem Planwagen   Blut   überall   Einer

en el suelo, con la cabeza junto a la portezuela. El otro caído en la
auf dem Boden   mit dem Kopf   neben der Wagentür Der andere gefallen auf den

banqueta, con el cuchillo en la mano y la cara blanca como de papel
Sitz   mit dem Messer   in der Hand und dem Gesicht weißen   wie aus Papier

mascado. Acudieron las gentes del Hospital, y manchándose hasta los
gekautem   Eilten herbei   die Leute   vom Krankenhaus und befleckend sich   bis zu den

> el papel mascado = das Pappmaché

 codos, vaciaron aquella tartana, que parecía un carro   del Matadero
Ellenbogen leerten   diesen Planwagen der aussah wie ein Fuhrwerk vom   Schlachthof

> hasta los codos = bis zum Hals

cargado de carne muerta, rota, agujereada por todas partes.
beladen   mit Fleisch   totem   zerrissen löchrig   überall

68

Weitere Titel des Verlages: siehe nächste Seite

Weitere Titel dieser Reihe

Miguel de Cervantes: Rinconete y Cortadillo/Rinconete und Cortadillo
Spanisch/Deutsch — wörtlich übersetzt —
A 5,   ISBN 978 – 3 – 94 33 94 – 07 – 8   (in Vorbereitung)

Arthur Conan Doyle/Katharina Jürgens:
The Lost Special/Der verschollene Sonderzug
Englisch/Deutsch — wörtlich übersetzt —
72 Seiten, A 5,   ISBN 978 – 3 – 94 33 94 – 15 – 3

Mark Twain/Katharina Jürgens:
The Thirty Thousand Dollar Bequest/Das Dreißigtausend-Dollar-Vermächtnis
Englisch/Deutsch — wörtlich übersetzt —
74 Seiten, A 5,   ISBN 978 – 3 – 94 33 94 – 17 – 7

Oscar Wilde: The Canterville Ghost/Das Gespenst von Canterville
Englisch/Deutsch — wörtlich übersetzt —
45 Seiten,   A5,   ISBN 978 – 3 – 94 33 94 – 01 – 6

Edgar Allan Poe/Elke Kublank: The Murders/Der Doppelmord
Englisch/Deutsch   — wörtlich übersetzt —
62 Seiten, A 5,   ISBN 978 – 3 – 94 33 94 – 09 – 2

Jean Fleury/Melanie Berl:
Jacques le voleur/Jacques, der Dieb
Französisch/Deutsch — wörtlich übersetzt —
58 Seiten, A 5,   ISBN 978 – 3 – 94 33 94 – 19 – 1

Jules Verne/Melanie Berl: Le docteur Ox/Dr. Ox
Französisch/Deutsch — wörtlich übersetzt —
A 5,   ISBN 978 – 3 – 94 33 94 – 23 – 8 (erscheint 2013)

Jules Verne/Anne Goergens: Maître Zacharius/Meister Zacharius
Französisch/Deutsch — wörtlich übersetzt —
A 5,   ISBN 978 – 3 – 94 33 94 – 27 – 6 (erscheint 2013)

Grazia Deledda/Alessia Valdarno: Una notte spaventosa/Die schreckliche Nacht
Italienisch/Deutsch   — wörtlich übersetzt —
86 Seiten, A 5,   ISBN 978 – 3 – 94 33 94 – 21 – 4

Reihe Standard-Übersetzung
 – links Fremdsprache, rechts eigene Sprache –

Selma Lagerlöf: Tösen från Stormyrtorpet / Das Mädchen vom Moorhof
Schwedisch / Deutsch
Links Schwedisch – rechts Deutsch
111 Seiten, A 5, ISBN 978 – 3 – 94 33 94 – 05 – 4

Selma Lagerlöf: Tösen från Stormyrtorpet / The Girl from the Marsh Croft
Bilingual Reader – Swedish / English,
Left Side Swedish – Right Side English
106 Seiten, A 5,   ISBN 978 – 3 – 94 33 94 – 50 – 4

Harald Holder Verlag, Augsburg

www.holder-augsburg-zweisprachig.de